사자 웃으며 키우기

# 사자 웃으며 키우기

지은이 | 김성중
초판 발행 | 2020. 8. 19
4쇄 발행 | 2023. 11. 29
등록번호 | 제1988-000080호
등록된 곳 | 서울특별시 용산구 서빙고로65길 38
발행처 | 사단법인 두란노서원
영업부 | 2078-3352    FAX | 080-749-3705
출판부 | 2078-3331

책값은 뒤표지에 있습니다.
ISBN 978-89-531-3826-1  03230

독자의 의견을 기다립니다.
tpress@duranno.com    www.duranno.com

# 사춘기 자녀 웃으며 키우기

부모와 자녀가 함께 성장하는
청소년 소통 백과

김성중
지음

40th
두란노

# 추천사

　.

호모 에두칸두스(Homo Educandus)는 '인간은 배움을 특징으로 하는 존재'라는 뜻입니다. 이 책은 '제2의 성장기'인 사춘기를 맞는 자녀들을 위해 가정과 교육 현장에서 고민하고 부딪히며 경험한 교육 전문 사역자의 글이라 아주 현실적이면서도 신앙적입니다. 사춘기 자녀를 사자로 표현한 흥미로운 관점부터 이미 경험했으면서도 모두에게 낯선 숙제인 대화와 이해, 진로와 학습의 멘토링 그리고 신앙교육의 방법까지 쉽고 간결하게 설명하고 있습니다. 사성(지성과 덕성, 야성, 영성)을 겸비한 다음 세대를 세우기 위해 매일 아슬아슬한 줄다리기를 계속해 가는 부모님들과 청소년 사역자들에게 추천하고 싶은 책입니다.

너의 장래에 소망이 있을 것이라 너의 자녀가 자기들의 지경으로 돌아오리라 여호와의 말씀이니라 렘 31:17

신용백 목사 (시냇가푸른나무교회 담임, 전 국방부 군종실장)

이 책의 저자인 김성중 목사님은 신학교 교수면서 교육학자이며 청소년 전문 사역자입니다. 그리고 학문과 현장을 아우르는 열정과 비전의 사역자입니다. 책 제목과 같이 사춘기 자녀들은 사자처럼 공격적이지만, 잘 키우면 담대함과 용기를 갖춘 비전과 열정의 존재가 될 수 있습니다.

이 책은 사춘기 자녀를 잘 양육하는 실제적인 노하우를 알려 줍니다. 부모로서 어떻게 자기 자신을 돌아보고 성찰할 것인지에 대한 내용, 사춘기 자녀와 효과적이면서 평화롭게 대화할 수 있는 방법, 사춘기 자녀를 지적·심리적·문화적 부분에서 이해할 수 있는 방법이 제시되어 있습니다. 뿐만 아니라 사춘기 자녀에게 하나님의 꿈을 심어주는 진로 멘토가 되는 비결, 학습 멘토링에 대한 팁, 사춘기 자녀에게 맞는 신앙교육을 어떻게 할 것인지에 대한 내용 등이 담겨 있습니다. 한 마디로 이 책은 사춘기 자녀 교육과 양육 관련 백과사전이자 처방전입니다.

사역의 현장을 직접 뛰어다니는 저자가 쓴 책이기에 이론과 실제를 균형 잡힌 시각에서 바라보고 실제 가정에서 바로 적용할 수 있는 다양한 내용을 담고 있습니다. 사춘기 자녀들을 둔 부모, 사춘기 아이들을 가르치고 있는 교사, 청소년 사역자들에게 기쁨으로 추천합니다.

이찬수 목사(분당우리교회 담임)

부모가 된다는 것은 엄청난 특권으로, 한 생명체가 건강하게 성장하여 자립하도록 돕는 정말 멋진 일입니다. 그런데 막상 부모가 되면 허둥대기 바쁩니다. 특히 사춘기 자녀는 상대하기가 어렵습니다. 이해하기 어려운 자녀의 행동을 보고 있으면 울화통이 터질 때가 있습니다. 그러다 보니 "라떼는 말이야"라며 잔소리를 쏟아붓게 됩니다. 이는 두 자녀를 양육하고 있는 제 경험담이기도 합니다.

'어떻게 하면 사춘기 자녀를 잘 양육할 수 있을까?' 저와 비슷한 고민을 하는 부모들에게 이 책을 추천합니다. 이 책은 자녀에 대해 모든 것을 알고 있다는 착각에서 벗어나 배우는 부모(learning parents)가 될 것을 권면합니다. 하나님께 위탁받은 하나님의 자녀를 멋지게 양육하기 원하는 모든 부모에게 일독을 권합니다. 사춘기 자녀, 웃으며 키울 수 있습니다.

허요환 목사 (안산제일교회 담임)

"지금 알고 있는 것을 그때도 알았다면 좋았을 텐데…."

장성한 두 아들을 지켜보며 아내와 대화를 나눌 때 가장 많이 하는 말입니다. 미안하고 아쉽고 안타까운 부분이 얼마나 많은지 모릅니다. 이제야 교사, 모델, 지원자, 상담자, 친구, 선배 역할을 충분히 감당할 수 있는 부모가 된 것 같은데 아이들은 이미 부모의 도움을 필요로 하지 않는 성인이 되어 버렸습니다.

사춘기는 인생에서 하나님을 만날 수 있는 최고의 시기입니다. 부모에게서 벗어나 홀로서기를 시작하면서 겪는 많은 혼란과 방황의 시간은 하나님을 찾고 만날 수 있는 우리 인생에 주어진 첫 번째 기회가 아닌가 싶습니다. 사춘기 때 하나님을 만나 인생의 올바른 방향을 정하게 되었다는 저자의 간증을 우리 자녀들도 할 수 있도록 부모는 자녀를 적극적으로 도와주어야 합니다.

"한 아이가 태어나면 한 학교가 시작된다"라고 말합니다. 사랑스러운 자녀를 올바르게 키우기 위해 부모들은 하나님께 도움을 받아서 새로운 학교 하나를 만들어야 합니다. 바로 가정이라는 학교입니다. 이 학교에 도움이 될 《사자 웃으며 키우기》라는 참고서가 생겨서 정말 다행입니다.

지금 이 땅에서 고통스럽게 사춘기를 보내고 있는 모든 자녀가 하나님을 찾고, 만나고, 하나님의 자녀로 살아가는 축복을 누리게 되길 간절히 기도합니다.

오승환 대표(더작은재단, 네이버 파운더)


저자가 언급하는 바와 같이 우리 자녀들의 눈에 비친 부모는 "옳은 말을 기분 나쁘게 하는 사람"이라는 설명이 이 시대를 살아가는 부모들의 고민을 잘 대변해 준다고 생각됩니다. 이런 부모님들을 위한 자녀 양육 지침서가 출간되어 기쁩니다. 저자는 그동안의 연구와 경험을 바탕으로 실천적인 지침서의 성격을 가진 책을 저술하여 사춘기 자녀를 둔 부모들에게 자녀 양육을 위한 좋은 지침을 제공하고 있습니다.

우리나라는 세계에서 유례를 찾아보기 어려울 정도로 사회 변화가 빠르고, 그 결과 세대 간의 공통점이 많지 않다는 특이점을 가지고 있습니다. 그만큼 부모 세대가 자녀 세대를 이해하기 어렵습니다. 저자는 자녀를 지적, 심리적, 문화적으로 이해하고, 그 바탕에서 자녀들과 어떻게 소통하고 양육할 것인지에 대한 구체적인 지침을 정리하였습니다.

모쪼록 이 책이 사춘기 자녀를 둔 고민 많은 부모들의 무거운 어깨를 조금이나마 가볍게 해주고, 우리 자녀들을 신앙 안에서 양육하기 위한 좋은 지침서로 활용되기를 바라는 마음에서 일독을 권합니다.

우창록 변호사(법무법인 율촌 명예회장, 대한민국교육봉사단 이사장)

이 책을 읽으면서 한 사람의 얼굴이 떠올랐습니다. 바로 탕자의 아버지입니다. 자신이 평생 쌓아올린 삶을 반 토막 내고 나간 불효막심한 아들을 기다리는 아버지…. 네덜란드의 화가 렘브란트는 이 아버지를 '아들을 향한 그리움으로 눈이 짓무르고 지친 노인'의 모습으로 그려놓았습니다. 모두 아는 것처럼 이 아버지는 하나님이십니다. 만유의 주이자 전지전능한 창조주이심에도 한발 물러서서 한없이 겸손한 모습으로 사자와도 같은 우리를 기다리고 계신다는 것을 말해 줍니다.

이 책은 탕자 아버지와 우리의 모습이 얼마나 다른지 생각하게 합니다. 탕자가 집으로 돌아갈 수 있었던 것은 아버지의 집에 가면 긍휼을 얻을 수 있으리라는 믿음이 있었기 때문입니다. 그렇게 아버지의 품으로 돌아온 탕자는 잃었던 모든 것을 회복하고 다시 세상을 향해 나아갈 힘을 얻게 됩니다. 그러나 탕자보다 더 기뻐한 사람은 바로 아버지였습니다. 아버지는 지친 자녀를 다시 일으켜 세우는 기쁨과 보람을 얻게 된 것에 대해 감사했습니다.

사춘기가 된 자녀는 더 이상 부모가 비춰주는 등불을 따라 걷지 않습니다. 자신의 영혼 안에 스스로 불을 밝히고 당당히 한 사람의 고귀한 존재로 길을 찾아갑니다. 물론 그 과정에서 수많은 절망과 실패, 배신과 좌절을 경험할 것입니다. 이 책은 바로 그 순간을 위해 쓰였습니다. 이 책은 절망에 빠진 자녀에게 부모가 어떤 존재인지 묻고 있습니다. 그리고 그 자녀를 향한 부모라는 권위와 기준과 욕심을 내려놓으라고 권합니다. 동시에 어떻게 해야 그 절망적인 순간 우리의 지친 자녀들이 부모에게 돌아와 쉬어 가게 할 것인지, 어떻게 하면 겸손하시고 자녀를 존중하시는 하나님의 '참부모 됨'의 지혜를 실천할 수 있는지 전해 줍니다.

이소윤 대표(스토리윤, 다큐멘터리 작가 및 제작자, 코리아바이블로드선교회)

자녀는 하나님이 주신 선물이고 복입니다. 복인데 부담일 때가 많고, 가정은 그 아이로 말미암아 전쟁 가운데 있을 때가 많습니다. 이 전쟁은 모두가 죽든지 함께 살든지 하는 전쟁입니다. 한쪽이 산다고 해서 산 것이 아니기 때문입니다. 모두가 함께 살 수 있는 길을 이 책을 통해 찾길 바랍니다. 현대 가정에서는 자녀가 한 명인 경우가 많은데, 부모 역시 '초보 부모'가 대부분입니다.

그래서 부모도 배워야 합니다. 서두를 필요는 없습니다. 굳이 앞서서 뭔가를 해야 한다고 조급하게 생각하지도 말아야 합니다. 이 책이 권하는 대로 듣는 것에서 시작해 공감하고 아이가 도움을 요청할 때 아빠 엄마의 경험을 나눌 수 있다면 그것이 건강한 관계의 시작이 될 것입니다. 이야기를 나누면서 그 가운데서 정의를 찾는 것입니다.

이 책은 부모들을 격려하는 차원을 넘어서 지혜를 나누고, 멘토링과 협동 학습 등을 통한 구체적 대안과 전략을 제시하고, 관계를 열어가는 길을 보여 줍니다. 판단하거나 단정 짓지 않고 정답보다는 건강한 질문으로 아이가 정말 원하는 것이 무엇인지 스스로 살피고 더 깊이 바라보며 멘토로서 멘티를 섬기도록 돕는 이 책을 기쁜 마음으로 추천합니다.

왕동식 목사(사단법인 서울YFC 대표, 청소년사역자협의회 회장)

현장 경험과 이론이 함께 준비되어 있는 저자가 많지 않습니다. 현장 경험과 그 현장에 대한 공부, 현장에서의 열매가 모두 있는 저자의 글이 부모님들에게 소개되어 매우 기쁩니다. 사춘기는 결국 지나가지만 그 시간을 보내는 과정이 매우 중요합니다. 이 책이 사춘기 자녀를 둔 가정에 새로운 기쁨의 통로가 되길 기대합니다. 부모는 자신의 자녀에 대한 전문가가 아닙니다. 매해 우리 사춘기 자녀들은 변화하고, 부모님들은 자녀들을 조건 없이 사랑하지만 그 변화의 폭에 당황합니다. 이 책이 부모님들을 응원하고 힘을 보태 줄 것입니다. 김성중 교수님은 현장과 이론의 전문가입니다. 교수님의 글로 많은 가정이 회복되고 웃음이 피어나길 기도합니다.

홍민기 목사(라이트하우스무브먼트 대표, 브리지임팩트사역원 이사장)

사춘기 자녀를 웃으며 키우겠다고 자신할 수 있는 부모가 이 땅에 과연 몇 사람이나 될까요? 청소년 사역을 하면서 사춘기 자녀를 키우는 수많은 부모님을 만났고, 저 또한 사춘기 자녀를 키우면서 듣고 보고 느꼈던 수많은 감정은 그저 우리 아이가 사춘기를 크게 겪지 않기를 바라는 마음을 갖게 합니다. 어느 날 우리 아이에게 훅 찾아온 사춘기로 말미암아 당황하고 혼란스럽고 어떻게 대처해야 할지 몰라 고민하고 힘들어 하다가 결국 사자를 더 포악한 사자로 만드는 실수를 반복하지는 않았는지 돌아보게 됩니다.

이 책에 기록된 다양한 내용을 통해 변하고 성찰하고 성장하는 부모의 모습으로 말미암아 사춘기 자녀들이 더욱 굳건한 믿음 안에서 자라고, 사춘기 시절이 오히려 자녀들의 믿음이 성장하는 시간이 될 수 있다는 것을 깨닫게 됩니다. 이 책이 많은 믿음의 부모와 교사에게 전해지고 함께 배움을 이어갈 수 있기를 바라며 추천의 마음을 보태 봅니다. 다음 세대에게 복음을!

임우현 목사(번개탄TV 운영자, 징검다리선교회 대표)

20년 남짓한 시간 동안 청소년 등 다음 세대를 위한 교육과 상담뿐 아니라 그들을 양육하는 부모 세대에게 좋은 영향력을 미친 교수님의 지혜와 탁견이 이 책을 통해 펼쳐지고 있습니다. 이 책은 이론이나 학자들의 학설에 그치지 않고, 실제적인 대안 제시까지 하고 있어서 독자들로 하여금 청소년 교육에 대한 고민이 해갈되는 기쁨이 있다는 점에서 탁월합니다.

또한 부모의 입장에서 청소년 자녀 교육에 필요한 내용이 총망라되어 있습니다. 자녀를 성찰하고 이해하며, 자녀와 대화하고, 진로와 학습 멘토링 그리고 신앙교육을 하는 것이 매우 중요함을 역설합니다. 특히 정체성, 재능, 진로, 관계, 꿈과 비전, 사명, 삶과 죽음 등 고민 많은 사춘기 자녀를 양육할 때 부모가 어떻게 해야 하는지 궁금한 문제에 대해 친절히 안내하고 있습니다. 무엇보다 부록에 수록된 양육 팁은 부모가 사춘기 자녀들을 대할 때 겪는 실제적인 문제에 도움이 되리라고 확신합니다.

자녀 교육은 세상의 어떤 공동체보다 가정에서 시작되어야 합니다. 이 책은 가정예배 및 소통의 방법 등 가정에서 신앙교육을 구체적으로 하는 방법을 제시하고 있습니다. 사춘기 자녀를 둔 부모뿐 아니라 다음 세대 교육에 관심을 가진 모든 현장과 교회 교사, 사역자, 기관 관계자들이 읽으면 좋을 거라고 사료됩니다. 이 책을 접한 많은 사람이 청소년 양육에 진일보하는 축복을 누리게 되리라고 확신하며, 이것으로 추천사를 갈음합니다.

최관하 목사 (시인, 영훈고등학교 교목실장, 코스타 강사)


밀림의 왕 사자는 야수 중에 야수입니다. 단 한 번의 포효만으로도 밀림의 모든 동물을 주저앉힐 정도니 말입니다. 먹이사슬의 최고 포식자인 이 야수는 늘 무리 지어 다니며 거침없는 공격 본능으로 생태계를 장악합니다. 영화 〈미녀와 야수〉에 등장하는 야수는 마녀의 덫에 빠져 어느 누구도 감당하기 어려운 험악한 외모로 위협적인 행동만 일삼았습니다. 그렇게 10년을 지내던 야수의 인생이 갑자기 뒤바뀝니다. 아름다운 여인 '벨'을 통해 진정한 사랑을 깨닫게 된 것입니다. 오랜 시간 야수를 옭아맸던 마녀의 저주를 미녀의 사랑이 이긴 것입니다.

사춘기 아이들은 종종 짐승에 비유되곤 합니다. 도저히 감당할 수 없는 그들이 가진 야수성 때문입니다. 그래서 사춘기를 대하는 뭇 어른의 자세는 결연합니다. 정색할 수밖에 없는 답답함과 막연함을 되돌이표처럼 학습합니다. 이 책은 그런 어른들의 얼굴에 웃음을 되찾아주는 책입니다. 이 책을 통해 사춘기 아이들을 바라보는 어른들의 얼굴이 분노와 불안이 가득한 마녀의 얼굴에서 사랑과 소망이 넘치는 미녀의 얼굴로 바뀔 것을 기대합니다.

곽상학 목사(다음세움선교회 대표)

오랜 시간 곁에서 지켜본 김성중 목사님은 균형 잡힌 사역자입니다. 신학교 교수로서, 청소년과 청년 지도자로서, 다음 세대 전문가로서, 아버지로서, 1인 다역의 많은 사역을 힘든 내색하지 않고 웃으며 훌륭하게 감당해낼 수 있는 것은 그가 균형 잡힌 영성의 소유자이기 때문일 것입니다. 이 책에는 그의 강점이 고스란히 스며들어 있습니다. 학자로서의 깊이, 사역자로서의 영성, 부모로서의 따뜻함이 녹아져 나옵니다.

또한 탁월한 이야기꾼이기에 지루할 틈 없이 나오는 생생한 예화를 읽다 보면 실제적인 지침이 마음속에 새겨집니다. 마지막 책장을 넘길 때 독자들은 좋은 책을 읽었다는 막연한 만족감이 아니라 탁월한 양육 지침을 이제부터 적용해 볼 생각에 가슴이 뛸 것입니다. 다음 세대 신앙교육에서 가장 중요한 것은 결국 부모의 역할입니다. 그런 의미에서 볼 때 이 책은 자녀 양육의 훌륭한 길잡이가 되어 줄 것입니다. 사춘기 자녀를 둔 모든 부모에게 자신 있게 일독을 권합니다.

고은식 목사 (브리지임팩트사역원 대표)

# CONTENTS

프롤로그

사자를
웃으며 키울 수는 없을까?

"아빠랑은 대화가 안 돼!"
"얘가 어디서 버릇없이 말하는 거야!"
"엄마는 내가 얼마나 힘든 줄 알아?"
"차려준 밥 먹으면서 학교 다니는 게 뭐가 그리 어렵다고!"
"성적이 이게 뭐니?"

사춘기 자녀를 키우는 집에 없는 것은 우리가 그토록 열망하는 평화다. 과연 사춘기 자녀를 둔 집이 평화로울 수 있을까? 부모와 싸우는 소리, 문을 쾅 닫으며 들어가는 소리, 부모의 한숨 소리…. 이런 안타까운 상황을 극복하고 평화로운 집안 분위기를 만들 수는 없을까? 함께 모여 하나님께 기도하고 말씀을 읽고 웃으면서 묵상을 나누는 이상적인 기독교 가정으로 세워 갈 수는 없을까? 사춘기 자녀를 웃으면서 키울 수 있는 방법은 없는 것일까?

사춘기 자녀를 둔 부모들을 만나면 "우리 아이는 왜 이럴까요?" "우리 아이는 왜 사춘기가 심하게 와서 부모 속을 썩일까요?"라고 묻는다. 이처럼 많은 부모가 문제의 원인을 자녀에게 돌리고 있다.

반면에 성숙한 부모는 문제의 원인을 자신에게 돌리면서 "왜 저는 참을성이 없는 걸까요?" "왜 자녀와 대화가 되지 않고 화만 날까요?" 라고 물으며 고민한다.

나는 목사다. 목사 가정은 항상 따뜻한 말이 오가고, 아이들은 순종하고 부모는 인내심이 많아서 다 참아주고 그럴까? 그렇지 않다. 사춘기 자녀를 둔 목사 가정도 다른 가정과 똑같다. 상담학에서 문제를 해결하고 치유로 나아가는 시작점은 문제를 문제로 바라보지 않는 것이다. 그리고 비록 자신이 겪는 문제가 해결하기 어렵다고 해도 자신과 같은 문제를 가진 사람이 많다는 생각을 가지는 것이다.

사춘기 자녀를 웃으며 키우기 위한 시작도 이와 같다. 우리 집에서 일어나는 일이 지극히 자연스러운 모습이라는, 문제를 문제로 바라보지 않는 자세를 가져야 한다. 그다음은 다른 집도 우리 집과 똑같다는 동질의식을 가져야 한다. 이런 자세를 가질 때 "왜 우리 집만 이렇지?" "왜 우리 아이만 이렇지?" "예수님 믿는데 왜 다른 집과 다를 바가 없지?"라는 문제의 심각한 묵상에서 벗어나서 초연할 수 있는 힘과 극복할 수 있는 에너지를 가지게 된다.

그렇다면 아이와의 관계에서 부모는 어떤 역할을 해야 할까? 내가 생각하는 정답은 바로 아이의 멘토가 되는 것이다. 멘토는 호머의 《오디세이》(Odyssey)에 처음 등장하는데, 오디세우스 왕이 전쟁에 출정할 때 왕의 아들 텔레마코스를 가르친 선생의 이름이다. 개인적으로 멘토란 교사와 모델, 지원자, 상담자, 친구, 선배의 역할을 골고루 하는 사람으로 정의하고 싶다. 또한 멘토링이란 멘티의 지성과 감성, 체력, 의지가 골고루 성장하고 성숙하도록 도와주는 과정과 활동이라고 정의하고자 한다.

그러므로 멘토로서 부모는 교사와 모델, 지원자, 상담자, 친구, 선배의 역할을 균형감 있게 수행해야 한다. 교사로서 부모는 지식을 가르치고 정보를 알려주고 잘못하면 바로 잡아주는 역할을 해야 하고, 모델로서 부모는 자녀에게 모범을 보이는 역할을 해야 한다. 지원자로서 부모는 아이가 필요로 하는 물질적·정신적·영적 부분을 채워주고 힘들어할 때 도와주는 역할을 해야 하며, 상담자로서 부모

는 아이의 속이야기를 들어 주고 비밀을 공유하는 역할을 해야 한
다. 친구로서 부모는 같이 즐겁게 놀아주는 역할을 하고, 먼저 청소
년기를 겪은 선배로서 부모는 아이와 동질감을 형성하며 아이의 삶
을 공감해 주는 역할을 해야 한다. 이런 여섯 가지 역할을 균형감
있게 잘해내는 부모가 좋은 부모이고, 아이의 좋은 멘토라고 확신
한다.

아이의 영성과 지성, 감성, 체력, 의지가 고르게 성장하고 성숙하
도록 도와주는 멘토링을 할 때 중요한 원리는 바로 아이 중심과 협
동학습이다. 멘토링은 어른 중심이 아니다. 어른이 아이의 눈높이에
맞춰야 한다. 교사가 학생의 눈높이에 맞추듯 부모가 아이의 눈높이
에 맞추는 것이다. 멘토링은 부모가 아이에게 일방적으로 말하고 가
르치고 아이는 받아들이기만 하는 일방통행의 교육이 아니다. 멘토
링의 주도권은 아이에게 있다. 아이가 원하는 것을 채워 주고, 아이
가 궁금해 하는 것을 알려 주고, 아이가 배우고 싶어 하는 것을 가르
치는 것이다. 이렇듯 멘토링은 아이에게 눈높이를 맞추는 것임을 잊
어선 안 된다.

다음으로 중요한 원리는 바로 협동 학습이다. 부모와 아이가 협동하고 협력해야 하는데, 이때 부모가 중심이 되는 것이 아니라 아이와 함께하는 학습이 되어야 한다. 좀 더 심리학적으로 표현하면 대화의 관계가 되는 것이다. 대화는 주거니 받거니 하는 것으로 일방적인 독백이 아니다. 기본적으로 부모가 자녀의 이야기를 적극적으로 들어 주되 정죄하거나 평가, 판단하지 않고 아이를 존중하고 수용하는 관점에서 아이에게 부모의 이야기를 하는 것이다. 이 두 가지 원리를 지켜야 아이의 진정한 멘토가 될 수 있다.

예수님은 "너희가 돌이켜 어린 아이와 같이 되지 아니하면 결단코 천국에 들어가지 못하리라"(마 18:3)고 말씀하셨다. '결단코'라는 단어까지 넣어 강조하고 또 강조하셨다. 예수님 시대만 해도 어린이는 가장 차별받던 존재였으며, 사람으로 대접받지 못했다. 그러나 예수님은 그들을 높이고 세우셨다. 예수님의 가르침에 따라 부모는 자녀를 존중하고 수용하고, 세워줄 수 있어야 한다.

책 제목을 《사자(사춘기 자녀) 웃으며 키우기》로 정했다. 내 딸도 지금 사춘기를 지나고 있다. 지난 20년 동안 많은 사춘기 아이를 만나고 교육하고 상담해 온 전문가이다 보니 사춘기 자녀를 가르치고 상담하는 것이 가장 쉽게 느껴질 거라고 생각할 수도 있다. 고백하건대 정작 아빠로서 딸을 웃으며 키운다는 건 결코 쉽지 않은 일이다. 다른 아이들에게는 잘 되던 것이 내 딸에게는 잘 안 될 때가 많다. 그래서 독자뿐 아니라 이 책을 쓴 저자인 나 자신에게도 해당되는 '나도 이렇게 잘하고 싶다'는 소원이 담긴 제목을 달게 되었다.

우리 모두 이 책의 제목처럼 사춘기 자녀를 웃으며 키워 보자! 사춘기 자녀도 가정과 학교에서 웃고 행복할 수 있는 권리가 있다. 마찬가지로 사춘기 자녀를 키우는 부모 역시 웃으며 키울 권리가 있다. 행복해지자, 사자를 키우는 부모들이여!

2020년 8월
광나루 연구실에서
김성중

# 1부

# 부모,
# 친밀한 관계를 만들어라

# 1장
# 사자 앞에서 나를 성찰하다

　좋은 부모는 성찰하는 부모다. 성찰하는 부모와 그렇지 않은 부모는 하늘과 땅만큼 차이가 난다. 성찰은 자신이 잘한 것에 주목하기보다는 하나님 앞에서 자신의 부족한 모습, 자신이 실수한 것에 주목하고 문제의 원인을 자기 자신에게서 찾으려고 하는 것이다. 사춘기 자녀를 키우다 보면 아이가 부모에게 이유 없이 반항하고, 거친 말을 쏟아내고, 다듬어지지 않은 부정적 감정을 표현하는 경우가 많다. 즉 문제의 원인이 아이에게 있는 경우가 많다. 그러나 우리 자녀는 말 그대로 아직 부족한 아이고, 부모는 어른이다. 부모가 아이보다 더 성숙해야 함은 당연하다.

　어린 시절 아버지와 자주 씨름을 했다. 그때마다 내가 아슬아슬하게 이겼다. 그래서 아버지보다 힘이 좀 더 세거나 씨름을 잘하는 줄 알았다. 나중에 커서 그때 아버지가 나보다 힘이 없거나 씨름을 못해서 진 것이 아니라 져준 것임을 알게 되었다. 일방적으로 내가 이기면 아버지가 봐준 거라고 생각할까 봐 아슬아슬하게 이기게 해주신 것이다. 아버지는 아들에게 져

주면서 자존심이 상하셨을까? 기분이 나쁘셨을까? 그렇지 않으셨을 것이다. 사실(fact)은 아버지가 아들보다 힘이 더 세기 때문이다. 그리고 아버지는 아들에 대한 사랑 때문에 일부러 져준 것이기에 기분 나쁘거나 하지 않으셨을 것이다.

창세기 32장에 보면 비슷한 말씀이 나온다. 야곱이 형 에서를 만나기 전 얍복 강가에서 하나님과 씨름을 한다. 야곱은 형에게서 장자의 축복권을 뺐고, 아버지를 속이고 형이 받아야 하는 복을 자신이 대신 받았다. 그 뒤 외삼촌 집으로 도망쳐서 살다가 20년 만에 형을 다시 만나게 된 것이다. 얼마나 두려웠겠는가! 그래서 그는 하나님과 씨름하면서 복을 달라고 애원했다.

> 그가 이르되 날이 새려 하니 나로 가게 하라 야곱이 이르되 당신이 내게 축복하지 아니하면 가게 하지 아니하겠나이다 … 그가 이르되 네 이름을 다시는 야곱이라 부를 것이 아니요 이스라엘이라 부를 것이니 이는 네가 하나님과 사람들과 겨루어 이겼음이니라 창 32:26, 28

결국 하나님은 야곱의 이름을 '이스라엘'로 바꿔주신다. "야곱, 너가 이겼다"라고 말씀하신 것이다. 하나님이 야곱보다 약해서 항복을 선언하셨을까? 절대 그렇지 않다. 아버지 되시는 하나님은 야곱에 대한 사랑 때문에 '져주신' 것이다.

사춘기 자녀를 양육하는 데 있어서도 앞선 말씀을 잊지 않았으면 좋겠다. 갓난아기였을 때 귀여운 모습과 부모에게 일방적으로 순종하는 모습을 찾아보기 어려울지라도 그들은 여전히 우리의 사랑스러운 자녀다. 우리는 자녀를 사랑한다. 그러므로 언제든 우리는 자녀에게 져줄 수 있어야 한다. 뭔가 잘못하지 않았어도 문제의 원인을 부모 자신에게 돌리고, 자기 자신의 부족함을 찾는 성찰의 모습을 가져야 한다.

자신을 성찰할 때는 일곱 가지 키워드를 사용하면 좋다. 다음에 제시하는 키워드는 외우기도 쉽다. 육하원칙인 '누가' '언제' '어디서' '무엇을' '어떻게' '왜'에 '누구를'만 더하면 된다. 이 일곱 가지 키워드를 활용하면 자기성찰 질문이 완성된다. 이 일곱 가지 자기성찰 질문에 대해 자세히 알아보자.


## 누가: 자녀와의 관계에서 나는 누구인가?


이것은 정체성에 대한 질문이다. 인생의 과제는 자신이 누구인지 그 정체성을 알고 깨닫는 것이라고 하지 않는가! 이 질문은 부모로서의 정체성을 묻고 있다. 회사에서는 동료 관계에서의 정체성이 있고, 선후배 관계에서의 정체성이 있다. 교회에서는 성도 관계에서의 정체성이 있고, 가족 안에서는 부부관계에서의 정체성이 있다.

마찬가지로 부모와 자녀와의 관계에서도 정체성이 있다. 이 관계에서 인정해야 할 것은 바로 처음 부모가 되어 보았기에 나도 부모로서 아마추어라는 사실과 나도 내 부모의 자녀라는 사실이다. 이 정체성을 통해 깨달을 수 있는 것은 누구나 부모가 될 수 있지만 부족한 점이 있다는 사실이다. 그러므로 완벽한 부모는 없고, 부모로서 완벽할 수도 없다는 사실을 인정해야 한다.

신앙의 관점에서 보면 우리는 하나님 앞에 죄인이다(롬 3:23). 그리고 예수 그리스도의 십자가의 피로 말미암아 죄사함을 얻고 의롭다고 칭함을 받은 자들이다. 의롭다고 칭함을 받은 우리는 하나님의 거룩을 닮기 위해 성화의 길을 걸어가고자 하는 자들이다. 즉 에베소서 4장 15절의 말씀처럼 예수님에게까지 자라가야 하는 존재다. 즉 우리가 완벽해서 자녀를 양육하는 것이 아니라 불완전함을 인정하면서 우리를 구원해주신 예수님의 은혜를 기억하며, 예수님에게까지 자라가기 위해 노력하는 존재다.

다만 우리는 자신의 불완전함을 보완하기 위해 배우려고 노력해야 한다. 요즘 교육학에서 교사에 대해 정의할 때 가르치는 학습자(teaching learner) 또는 배우는 교사(learning teacher)라는 단어를 사용한다. 부모도 마찬가지다. 양육하는 학습자(parenting learner) 또는 배우는 부모(learning parents)가 되어야 한다. 물론 중요한 점은 누구에게 배우느냐 하는 것이다.

먼저 하나님 말씀을 통해 배워야 한다. 하나님 말씀은 최고의 양육 서적이므로 부모는 이를 통해 배워야 한다.

모든 성경은 하나님의 감동으로 된 것으로 교훈과 책망과 바르게 함

부모는 교육학 책, 양육 관련 책들을 통해 배워야 한다. 요즘은 교육학 책이 쉽게 잘 나와 있다. 그래서 대학교에서 사용하고 있는 교육학 개론서들을 읽으면서 좀 더 학문적으로 배우고, 양육 관련 전문가가 쓴 책들을 통해 양육의 실제를 배울 필요가 있다.

또한 우리는 자녀에게 배워야 한다. 배우려는 자세를 가질 때 자녀를 존중하게 된다. 부모는 이미 완벽하게 알고 있으므로, 자녀는 부모에게 무조건적으로 배우면서 부모가 말하는 것을 받아들여야 한다는 전제를 가지고 있으면 자녀를 존중하기가 어렵다. 그러나 자녀에게서 배우려는 마음과 자세를 가진다면 당연히 그들의 생각과 말을 존중하게 되고, 부모도 지치지 않게 된다. 일방적으로 자신이 다 알려줘야 하고, 다 가르쳐줘야 하고, '자녀는 내 말을 들어야 한다'는 생각으로 자녀와의 관계를 유지한다면 얼마나 피곤하겠는가! 부모가 다 쏟아내야 하니까 말이다.

자녀에게서 배우려는 자세를 가지면 부모도 자녀를 양육하며 배우게 된다. 그리고 배우는 자이기에 완벽할 수 없음을 깨닫고 자신의 실수를 인정할 수 있게 된다. 물론 나도 처음부터 이런 관점을 가졌던 것은 아니다.

10여 년 전 교회에서 초등학교 학생들을 데리고 야외예배를 드리게 되었는데, 한 학생이 나무를 가리키면서 "나무를 보면 하나님을 알게 돼요"라고 말했다. 이 말에 나는 피식 웃으면서 아이에게 무슨 말을 하는지 이해할 수 없다는 듯 말했다. 그러자 그 학생은 "어른인데 그것도 몰라요? 목사님이 책 쓰신 것 있지요? 목사님 책을 읽으면 목사님이 어떤 생각을 가지고 있는지, 어떤 느낌을 가지고 있는지 알 수 있잖아요. 그럼 목사님을 알게 되는 거죠? 마찬가지로 하나님이 만드신 작품인 나무를 보면 하나님이 어떤 생각을 가지고 계신지, 어떤 느낌을 가지고 계신지 알 수 있고, 그럼 하나님을 알 수 있잖아요."

그 순간 망치로 머리를 얻어맞는 느낌이었다. 통찰을 가진 학생의 명발언이 아닐 수 없었다. 그 학생은 신학에서 가장 어려운 신학의 분과인 조직신학의 자연 계시를 아주 쉽게 자신의 언어로 설명해준 것이다. 나는 이 경험을 하고 나서 학생에게 배우는 자가 되어야겠다고 결심했다. 사실 이것을 자녀에게 적용한다는 것이 쉽지 않다는 점을 충분히 공감하고 이해한다. 나 역시 자녀에게 적용하기가 쉽지 않기 때문이다.

다른 집의 자녀에게는 관대하고 배울 수 있는데, 왜 내 자녀에게는 화가 나고 배우려는 마음이 생기지 않는 걸까? 다양한 대답이 나오겠지만, 가장 근원적인 대답은 자녀를 자신의 소유라고 생각하기 때문이다. 그래서 부모인 우리의 말을 들어야 하고, 부모에게 맞춰야 한다고 생각하는 것이다. 인간은 의지의 존재다. 의지를 발동해서 계속하다 보면 습관이 된다. 자녀를 통해 배우려는 자세 역시 계속하다 보면 습관이 되고 삶이 된다. 오늘부터 자녀에게 배우려는 자세를 가지고 끊임없이 성찰의 질문을 던지며 자녀와 만나고 대화해 보자.

## 언제: 나는 언제 자녀의 이야기를 들어 주는가?

바쁘다는 핑계로, 사춘기 자녀는 부모와 대화하기를 싫어한다는 편견으로, 대화하다 관계가 더 악화되거나 자신의 기분이 나빠지고 화를 내지 않을까 하는 두려움으로 자녀와 진지한 대화를 나누려는 노력을 소홀히 하고 있다.

이 질문은 얼마나 자녀에게 다가가기 위해 노력하는지 묻는 자기성찰 질문이다. 흥미로운 점은 우리 자녀들은 대화 상대를 찾는다는 사실이다. 다만 안타깝게도 자녀들은 부모를 대화 상대로 생각하지 않는다. 힘들고 어렵고 우울하고 스트레스를 받는 일이 있으면 대화하기 위해 친구를 찾는다. 기쁘고 즐겁고 흥미로운 일이 있을 때도 친구를 찾는다. 부모를 찾으면 좋겠지만 말이다.

솔직히 또래 친구와 머리를 맞댄다고 문제가 해결되겠는가! 힘들고 어려운 문제가 있을 때 부모를 찾는다면 실제로 문제를 해결해줄 수 있고, 기쁘고 좋은 일이 있으면 격려해 주고 칭찬해 주고 함께 기뻐해 줄 수 있는데도 부모를 찾지 않는다.

왜 부모를 찾지 않고 친구를 찾는 걸까? 친구가 잘 들어 주기 때문이다. 그것도 고개를 끄덕이며 공감해 준다. 반면 부모는 어떠한가? 대부분의 부모는 자녀에게 일방적으로 말하는 것을 좋아한다. 그리고 자녀가 솔직하게 무엇인가 말하려고 하면 이에 대해 잔소리 투로 말하거나 화내는 투로 말하는 것이 습관화되어 있다.

어떤 부모는 "이야기를 들어 주려고 해도 아이가 말을 안 해요. 나랑 말하는 것 자체를 싫어하는데 어떻게 이야기를 듣겠어요?"라고 말한다. 현상적으로는 맞는 말이다. 그러나 여기서 중요한 사실은 왜 아이가 말을 안 하는지 그 원인을 분석해야 한다는 것이다. 아이는 부모에게 말하기 싫어하는 것이 아니라 이전에 부모에게 말했더니 잔소리로 돌아오고, 큰소리가 나고, 관계가 안 좋아지자 부모에게 이야기하지 않기로 마음 문을 닫은 것이다.

부모와의 이전 대화 경험으로 마음 문을 닫았기 때문에 신중한 자세로 자녀들에게 조금씩 다가가야 한다. 예를 들어 "아빠가 들어줄 테니 다 이야기해 봐" "넌 왜 말을 안 하는 거냐"라고 윽박지른다면 어떤 아이가 말을 하겠는가! 조심스럽게 시도하고, 안 되면 다시 시도하고 또다시 시도해야 한다.

부모와 자녀 간에는 기본적으로 신뢰가 있다는 것을 믿어야 한다! 부모가 일관성 있게 이야기를 들으려는 태도를 보이면, 아이는 부모가 변화된 것을 인정하고 합격점을 줌으로써 마음 문을 열고 이야기를 하나씩 꺼내놓게 된다. 그러므로 자녀의 이야기를 듣기 위해 시간을 내라! 바빠도 자녀를 위한 시간을 내라! 아무리 바빠도 밥은 먹지 않는가. 우리 인생은 우선순위의 싸움이다. 우선순위라고 생각하면 아무리 바빠도 하게 된다. 자녀의 이야기를 듣는 것은 자녀 양육에서 가장 중요한 우선순위임을 명심하고, 자녀의 이야기를 들어 주는 부모가 되어야 한다.

## 어디서: 나는 집이 아닌 장소에서 자녀와 즐거운 시간을 보내는가?

이 질문은 자녀와의 놀이에 대한 성찰의 내용을 담고 있다. 부모의 역할 가운데 중요한 것이 있는데, 바로 자녀와 놀아주기다. 부모들은 자녀가 어렸을 때는 잘 놀아준다. 장난감이나 인형을 가지고 놀아주고, 밖에 나가 몸을 부딪치며 놀아주고, 이야기를 주고받으면서 놀아준다. 그런데 자녀가 초등학교 고학년이 되고 청소년기에 진입하면 자녀와 함께 노는 역할이 줄어든다. 중학교에 들어가면서부터는 놀아주는 역할을 거의 하지 않게 된다. 너무나 안타까운 일이다. 물론 청소년기가 되면 자녀들이 학교에 있는 시간이 많아지고 공부량이 절대적으로 늘어나기 때문에 어쩔 수 없는 면이 있지만 자녀가 성인이 될 때까지 부모가 계속 노력해야 하는 부분이 바로 자녀와 놀아주는 역할이다.

미국에서 살 때 지인 집에 종종 놀러 가곤 했다. 그때 사춘기 자녀들과 스스럼없이 스킨십하며 어울려 노는 지인의 모습을 자주 보았다. 같이 컴퓨터 게임을 하고, 체스를 두고, 야외에 나가 공을 차는 모습이 너무나 보기 좋았다. 자녀가 청소년이 되어도 노는 시간은 여전히 필요하다. 그때 부모가 자녀와 함께 놀면서 보내는 시간이 중요하다는 사실을 기억하길 바란다.

사춘기 자녀와 노는 시간을 가질 때 중요하게 고려해야 할 사항은 바로 만남의 장소다. 초등학교 이하의 자녀라면 노는 장소가 중요하지 않다. 대부분 집일 테니 말이다. 그러나 사춘기 자녀와 노는 경우 중요한 것은 집 밖의 다른 장소다. 재미있는 현상은, 어린 아이들은 대부분 집에서 노는 것을 좋아하지만 사춘기 아이들은 집 밖에서 노는 것을 더 좋아한다. 그러므로 부모가 생각하기에 좋은 장소가 아니라 자녀들이 편안하게 느끼고 놀 수 있는 공간에서 만나는 것이 중요하다.

아이가 게임하는 것을 좋아하면 PC방에 가서 같이 게임을 할 수 있고, 아이돌 가수를 좋아하면 함께 콘서트에 갈 수도 있다. 아이가 당구 치는 것을 좋아하면 당구장에서 같이 당구를 칠 수도 있다. 사춘기 아이들은 부모가 하지 말라고 하면 더 하고 싶어 한다. 부모가 "게임 금지!"라고 외치면 아이는 몰래 할 것이다. 부모가 "음악 듣지 말고 공부해. 좋아하는 가수 쫓아다닐 시간에 공부나 해"라고 말한다면 아이는 부모 몰래 친구들과 음악을 듣고, 학원에 간다고 거짓말하고 가수 콘서트에 갈 것이다. 부모의 입장에서 '아이가 안 했으면 좋겠다'는 것이 반대로 아이가 가장 좋아하는 것, 아이가 가장 하고 싶은 것이라고 생각하면 정답이다.

그렇다면 말리는 것이 아니라 놀이로써 아이가 좋아하는 것을 함께해 보면 어떨까? 같이하자고 하면 아이가 싫어할 거라고 지레 겁먹지 마라! 시도해 보지도 않고 미리 아이가 싫어한다고 생각하는 것이 문제다.

아이들은 뭐 하자고 했을 때 무조건 싫다고 말한다. 그때 거기에 넘어가면 안 된다. 표현을 그렇게 하는 것뿐이다. 아이는 자신을 향한 부모의 지속적인 태도에 마음이 움직이게 되어 있다. 지속적인 태도에 '아빠와 엄마가 계속 나한테 맞춰주려고 하네'라는 생각이 든다. 부모에 대해 진정성을 깨달으면 아이는 고마운 마음을 갖게 되고, 부모와의 관계가 좋아지게 된다. 그리고 아이들은 부모의 말을 잔소리로 듣지 않게 된다. 관계성이 제대로 형성되지 않은 상태에서 자신이 원하지 않는 말을 들으면 모두 잔소리가 되지만, 관계성이 형성되고 나면 자신이 원하지 않는 말이라도 들어야 한다면 듣는다.

게임에 빠져 공부를 안 하는 아이가 있으면 게임을 같이하면서 "아빠도 게임이 재미있네. 그런데 게임을 계속하니까 눈도 피곤하고 어깨도 아프고 다른 것을 하기가 싫어져. 게임은 적당히 해야 되는 것 같아. 게임은 놀이로, 쉼으로 하는 거지 생활에서 중요한 시간이 되어서는 안 될 것 같아"라고 교육을 시도하면 아이도 아빠의 말을 듣게 된다.

당구에 빠져 공부에 집중하지 않는다면 같이 당구를 치면서 "아빠도 청소년 시절 당구에 빠져 살았어. 당구는 머리를 쓰는 운동이면서 흥미로운 게임인 것 같아. 그런데 문제는 공부하려고 책을 펴면 책에 당구공이 둥둥 떠다니고, 잠을 자려고 누우면 천장이 당구대가 되고 당구공이 돌아다니더라고. 그래서 당구는 적당히 해야 하는 것 같아"라고 교육을 시도하면 아이도 아빠의 말에 공감할 것이다.

　좋아하는 아이돌 그룹에 빠져 공부에 집중하지 못한다면 같이 노래를 들으면서 "이 음악 참 좋다. 게다가 멤버도 다 멋지게 생겼네. 엄마도 너만 했을 때 어떤 가수를 좋아해 따라다니면서 밤낮으로 그 가수의 노래만 들었어. 그러니까 노래 가사가 귓가에 맴돌아 공부에 집중할 수도 없고, 깊은 잠을 잘 수도 없었어. 가요는 쉬는 시간에만 듣는 것이 좋을 것 같아. 그리고 아이돌 그룹을 좋아해 따라다니는데, 좋아하는 마음이 지금은 평생 갈 것 같지만 그렇지 않단다. 또 시간이 지나면 더 멋진 아이돌 그룹이 나올 수도 있잖아. 후에 앞으로 다른 아이돌 그룹을 좋아하게 될 수도 있으니 적당히 좋아해도 되지 않을까?"라고 교육을 시도하면 아이도 엄마의 말에 공감할 것이다.

　부모와 함께하는 외식은 아이에게 쉼을 제공하고, 부모가 아이에게 맞춰주는 기회가 되고, 좋은 분위기에서 자신의 속이야기를 꺼내는 시간이 될 수 있다. 아이와 외식할 때는 메뉴 선정이 중요하다. 엄마나 아빠가 원하는 메뉴가 아니라 아이가 원하는 메뉴, 아이가 좋아하는 메뉴를 선택한다. 그러면 아이가 기뻐하고 더 나은 쉼과 회복의 시간이 되고, 외식 시간이 부모와 함께하는 놀이가 될 수 있다.

## 무엇을: 내가 자녀에게 주로 하는 잔소리는 무엇인가?

이 질문은 아이들에게 주로 하는 잔소리의 내용에 대한 성찰이다. 잔소리라는 단어 자체가 부정적이긴 하지만 사실 아이들에게는 잔소리가 필요하다. 잔소리가 아이들에게 유익하다는 측면에서 보면 조언이라고 불러도 된다. 그러나 잔소리에도 원칙이 있다. 그 원칙을 따른다면 자녀와의 갈등이 줄어든다.

첫째, 부모인 자신도 하지 못하는 것에 대해 잔소리하면 안 된다. 부모도 못하는 내용을 잔소리하면 설득력이 떨어지고 아이들은 오히려 콧방귀를 뀌면서 마음속으로 '엄마 아빠나 잘하지!'라고 말할 것이다. 그러므로 잔소리를 하려면 그 말을 자신도 들어야 하는 것은 아닌지 성찰해야 한다. 부모인 자신이 잘하고 있으면 그것에 대해 잔소리를 할 수 있다.

부모가 집에 들어오자마자 텔레비전을 켜고 잠잘 때까지 보면서 자녀에게 "공부해라, 책 좀 봐라"고 잔소리해선 안 된다. 아빠가 퇴근하고 돌아와 양말을 아무 데나 던지면서 자녀한테 "양말은 세탁기 앞에 둬!"라고 잔소리할 수 없다. 나는 평소 딸에게 "기도해라, 열심히 기도해라. 아침에 일어나면 무릎 꿇고 기도부터 해라"고 잔소리한다. 그런데 그런 내가 열심히 기도하지 않는다면 딸에게 잔소리를 할 수 없다.

교육 방법 가운데서 '모델링'은 가장 효과적인 방법이다. 부모가 자녀의 모델이 되는 것이다. 부모가 긍정적 모델이 되면 아이는 그 모습을 보고 따라 한다. 반대로 부모가 부정적 모델이 되면 아이는 그 모습을 싫어하면서도 따라 하게 된다. 알코올 중독자 아버지 밑에서 자란 아들이 "나는 절대 아빠처럼 살지 않을 거야"라고 외치며 결심해도 성인이 되어 알코올 중독자가 될 확률이 높다. 알코올 중독자 아버지 밑에서 자란 딸은 "나중에 절대 아빠 같은 사람 만나지 않을 거야"라고 외치며 수없이 다짐하지만 성인이 되어 알코올 중독자 남편을 만날 확률이 높다. 이렇듯 자녀는 싫어하면서도 부모를 닮게 되어 있다. 그만큼 아이는 의식적·무의식적으로 부모의 영향을 받는다.

둘째, 감정이 실린 잔소리를 하면 안 된다. 이것은 매우 어려운 일이지만, 습관을 들이면 할 수 있다. 인간은 습관의 존재이다 보니 감정 안에 화가 들어오면 분노에 찬 잔소리를 늘어놓게 된다. 이는 '화-잔소리'라는 습관이 형성되었기 때문이다. 분노에 찬 잔소리를 하게 되면 매우 위험하다. 분노에 차서 잔소리를 하면 효과가 없다. 아이가 내용을 들으려고 하지 않기 때문이다. 오히려 관계만 나빠진다. 잔소리가 결국 아이와의 싸움으로 번지고, 부모와 자녀 사이에 갈등만 심해진다.

셋째, 자기 스타일과 기준에 맞지 않는다고 잔소리하면 안 된다. 부모는 아이가 자신의 소유라고 생각해 자기 스타일과 기준에 맞지 않으면 화가 나서 잔소리를 하게 된다. 제3자의 입장에서 객관적으로 본다면 아이의 잘못이 아닌데도 부모의 기준에 맞지 않기 때문에 잔소리하는 경우가 많다.

예를 들어 아이가 치약을 짤 때 중간부터 짜는 습관이 있다고 하자. 그러면 "왜 치약을 중간부터 짜느냐"고 화를 내고 잔소리를 한다. 그러나 이것은 습관의 차이일 뿐이지 객관적으로 뭐가 옳고 그른지 판별할 수 있는 문제가 아니다. 따라서 자신의 잔소리에 정당성을 가지려면 '옆집 아이가 내 아이가 하는 행동을 똑같이 하면 잔소리를 했을까, 안 했을까'를 생각해 보면 된다. 옆집 아이가 내 아이가 하는 행동을 똑같이 해도 잔소리를 할 수 있으면 해도 된다. 그렇지 않다면 자기 주관적 기준과 스타일에 따라 잔소리를 했다는 증거가 되는 것이다.

넷째, 잔소리는 교육적 의미를 부여해 결론을 내야 한다. 대부분은 잔소리를 통해 '감정 상함-기분 나쁨-소리 지름'으로 끝난다. 이렇게 끝나면 잔소리는 잔소리로써 효과가 없다. 잔소리는 사실 교육적 의미를 지닌다. 아직 불완전한 아이에게 부모가 교사의 입장이 되어 가르치고 알려주고 싶은 마음에서 나온 것이다. 그러므로 잔소리는 교육적 의미를 부여하는 것으로 끝나야 한다.

예를 들어 화장실에서 휴지를 많이 쓰는 자녀가 있다면 "왜 이렇게 휴지를 많이 쓰는 거야? 다음부터 두루마리 휴지 한두 칸만 써, 알았지?"라고 말하거나 "어디 한번 밖에 나가 휴지 값 벌어 와 봐. 아빠가 힘들게 일해 번 돈으로 산 건데 왜 낭비해?"라고 말하면 잔소리는 잔소리로 끝나고 교육적 효과는 미미하다. 그러므로 의미를 부여해 교육으로 승화시켜야 한다.

"한 칸만 사용할 수 있는 것을 다섯 칸, 여섯 칸 쓰면 휴지를 금방 사용하겠지? 하지만 휴지를 한 번 쓸 만큼만 아껴 사용하면 절약하는 법을 배울 수 있고, 이렇게 절약하는 습관을 가지게 되면 경제적으로 살 수 있단다. 아빠도 절약하는 습관을 들여 용돈을 잘 모았다가 네가 꼭 필요한 것이 있으면 사줄게."

이렇게 교육적 의미로 마무리되면 잔소리가 본래의 목적대로 기능하게 된다.

다섯째, 잔소리를 통해 생각할 수 있는 힘을 길러주어야 한다. 잔소리하기 전에 아이가 왜 부정적인 행동을 했는지 성찰하게 하는 것이다. 이렇게 할 수 있는 부모면 '프로 부모'라고 불러주고 싶다. 어렵긴 하지만 훈련을 통해 습관화되면 어떤 부모도 할 수 있다. 예를 들어 아이가 양말을 벗어 세탁기 앞에 두지 않고 아무 데나 벗어 던지는 습관이 있으면 차분하게 아이를 불러 "왜 양말을 아무 데나 벗는 거야?" "양말을 세탁기 앞에 두면 엄마가 세탁기 돌릴 때 편할 텐데 왜 아무 곳에다 양말을 던지니?"라고 물어본다. 아이는 엄마가 왜 화를 내지 않고 잔소리를 하지 않는지 당황할 것이다. 계속 이런 방식으로 접근하면 아이도 자기 행동에 대해 생각하는 시간을 가질 때가 오고, 어느새 행동에도 변화를 보인다. 잔소리 폭탄을 쏟아내는 것보다 아이의 행동을 수정하는 데 있어 더 좋은, 더 지속적인 변화가 찾아올 것이다.

분노도 계속 쏟아내다 보면 습관화되고 지치게 된다. 분노만큼 에너지 소모가 큰 것이 있을까 싶다. '화-잔소리' 공식을 깨자. 감정 소모가 줄어 부모인 내가 좋고, 아이는 자기 행동에 대해 성찰하는 시간을 가질 수 있어 지속적인 행동 변화가 더 빨리 찾아올 것이다.

## 어떻게: 나는 어떤 방식으로 자녀에게 사랑을 표현하는가?

아이가 태어나면 부모는 그 존재가 너무 귀엽고 예쁘고 사랑스럽다. 그래서 계속 사랑을 표현한다.

"예쁜 아가야! 사랑해. 엄마 아빠는 너를 영원히 사랑해!"

이런 사랑 표현은 아이가 사춘기에 접어들면 급격하게 줄어든다. 자녀 역시 어린 시절에는 엄마 아빠에게 "엄마밖에 없어. 아빠밖에 없어. 이 세상에서 가장 사랑하는 건 엄마 아빠야!"라고 사랑을 표현한다. 이때는 관계 안에서 사랑 표현이 쌍방향적이고 풍성하지만, 아이가 사춘기에 접어들면 사랑 표현이 줄어들고 관계가 냉랭해진다.

중요한 것은 자녀가 사랑 표현을 하든지 안 하든지 부모는 자녀에게 사랑 표현을 해주어야 한다는 점이다. 그 아이들은 여전히 우리의 사랑스러운 자녀이기 때문이다. 하나님이 우리에게 맡겨 주신 아름다운 자녀이기 때문이다. 남에게 맡겨 주신 것이 아니라 바로 나에게 맡겨 주신 아이이기 때문이다.

사랑 표현을 하는 데도 방법이 있다. 그 방법을 알고 사랑 표현을 하는 것이 중요하다.

첫째, 자주 말로 표현해야 한다. 아침에 일어나 아이를 깨우면서 화난 말투로 깨우지 말고 "딸아, 사랑해. 아들아, 사랑해. 아침이 밝았어요"라고 말하며 깨워 주고, 학교 갈 때 허둥지둥 보내는 것이 아니라 "사랑해"라고 말하며 안아 주는 것이다.

이런 사랑 표현은 아이가 어렸을 때부터 하는 것이 효과적이다. 사랑 표현이 습관화되면 자동적으로 하게 되어 있다. 습관화되었다고 아무 의미가 없는 것이 아니라 엄마 아빠가 아이를 사랑하고 인정하고 있다는 상징적인 행동이 된다. 학교에서 돌아오면 또다시 안아 주면서 "수고 많았어. 사랑해"라고 표현한다. 방에서 혼자 공부할 때도 간식을 들고 조용히 들어가서 "공부하느라 힘들지. 사랑해"라고 감정을 표현해 준다.

예전에 어느 프로 축구단에서 한 실험이다. 합숙소 입구에 꽃을 심은 화분 두 개를 놓아 두고 한 화분에는 선수들이 들어가고 나갈 때마다 "사랑해"라는 말을 해주고, 한 화분에는 수시로 부정적인 말을 했다. 그랬더니 "사랑해"라는 말을 들은 화분의 꽃은 건강하고 아름답게 잘 자랐지만 부정적인 말을 들었던 화분의 꽃은 그렇지 못했다.

부모는 자녀에게 사랑 표현을 아끼면 안 된다. 가능한 자주해야 한다. 더 나아가 성경 말씀을 통해 자녀에게 사랑을 표현하는 방법이 있다. "하나님이 자기 형상 곧 하나님의 형상대로 사람을 창조하시되 남자와 여자를 창조하시고"(창 1:27)라는 말씀으로 "너는 하나님의 형상대로 지음을 받은 귀한 존재야"라고 사랑 표현을 할 수 있다. 또 "너의 하나님 여호와가 너의 가운데에 계시니 그는 구원을 베푸실 전능자이시라 그가 너로 말미암아 기쁨을 이기지 못하시며 너를 잠잠히 사랑하시며 너로 말미암아 즐거이 부르며 기뻐하시리라 하리라"(습 3:17)는 말씀으로 "하나님은 너를 너무나 사랑해 기뻐하신단다"라고 사랑을 표현할 수 있다. 한 가지 더 예를 들면 "하나님이 세상을 이처럼 사랑하사 독생자를 주셨으니 이는 그를 믿는 자마다 멸망하지 않고 영생을 얻게 하려 하심이라"(요 3:16)는 말씀으로 "하나님께서 너를 정말 사랑하셔서 독생자 예수 그리스도를 보내주셨단다"라고 표현할 수 있다.

둘째, 자주 웃어 주어야 한다. 사춘기 자녀들은 평소 인상을 잘 쓰고 다닌다. 얼굴에 뭔가 불만이 가득 차 있고, 건드리면 폭발할 것처럼 보인다. 이런 자녀들을 보면 부모 역시 화가 나고 인상을 쓰게 된다. 인간은 감정의 동물이라 상대방에게 감정이 전달되기 때문이다. 그러나 부모는 자녀와 똑같이 행동해서는 안 된다. 자녀보다 성숙한 부분이 분명 있어야 한다. 찡그리는 자녀에게 먼저 웃어주어야 한다.

웃음은 사랑의 비언어적 표현이다. 사랑하면 웃게 된다. 누군가를 사랑하는데 어떻게 인상이 써지겠는가! 부모는 자녀를 사랑하기 때문에 비록 그들이 인상을 쓰고 있어도, 화가 난 표정을 짓고 있어도, 귀찮은 듯한 반응을 보여도 그들에게 웃어 줄 수 있어야 한다. 자녀들에게 웃음을 보여 주라!

또 유머러스한 말을 사용하면 좋다. 어찌해야 강퍅한 사춘기 아이들을 웃게 할 수 있을까? 웃게 한다는 게 생각처럼 쉽지 않다. 그러나 핀잔 들을 각오로 썰렁개그, 아재개그라도 해라. 그러면 자녀는 "아빠 썰렁해! 엄마 썰렁해!"라고 말하며 순간 어이없다는 표정을 지어도 분위기만큼은 좋아질 것이다. 내가 아재개그를 하면 딸은 여지없이 "재미없어!"라고 말한다. 재미있다는 이야기를 한 번도 들어 본 적이 없다. 그러나 중요한 사실은 아재개그를 하고 나서 나와 딸 사이의 분위기, 집안 분위기가 좋아진다는 것이다. 분명 효과가 있다.

셋째, 자녀에게 사랑의 손편지를 써주라. 손편지가 그리운 시대다. 그래서 짧은 내용의 손편지라도 받으면 그 자체가 엄청난 감동을 불러일으킨다. 얼마 전 운전하다가 라디오 방송을 듣는데 손편지를 대신 써서 배달해주는 사업이 있다고 들었다. 그만큼 손편지를 그리워하는 시대라는 뜻이다. 예민한 사춘기 아이와 이야기하는 것이 결코 쉬운 일이 아니라는 것을 인정한다. 특히 어떤 이유로 부모와 자녀 사이에 감정의 골이 생겼거나 관계가 냉랭한 경우에는 말로 문제를 풀어 나가기가 쉽지 않다. 이럴 때일수록 효과를 발휘하는 것이 바로 손편지다.

예쁜 종이에 직접 손으로 써내려 간 편지를 받았을 때 감동받지 않을 아이는 없다고 확신한다. 그리고 일상생활에서 메모지나 포스트잇에 사랑의 글을 써서 아이의 책상 위에 두거나 아이의 필통 안에 넣어 둔다면 아이는 감동받을 것이다. 나도 요즘 딸에게 사랑의 편지를 자주 쓰는데, 이것이 딸과의 관계에서 엄청난 효과를 발휘하고 있다. 편지 말미에는 항상 "사랑해 영원히"라고 쓴다.

내가 편지를 쓰는 것이 익숙한 것은 아버지가 나에게 그렇게 해주셨기 때문이다. 아버지는 나에게 자주 책 선물을 하셨는데, 그때마다 편지를 써주셨다. 또 아버지와 갈등이 있었을 때도 편지로 관계를 풀려고 노력하셨다. 아버지는 특별한 일이 없을 때도 메모지에 짧은 글을 써서 주셨다. 사춘기를 보내면서 반항아적 기질이 많았지만 아버지의 손편지 덕분에 엇나가지 않고 그 시절을 잘 보낼 수 있었다고 생각한다.

모델링은 이렇게 중요하다. 놀라운 사실은 부모가 자녀에게 보이는 모습을 자녀가 부모가 되었을 때 똑같이 한다는 것이다. 끊임없이 자기 자신을 성찰하면서 사랑을 표현하는 부모가 되길 바란다.

## 왜: 나는 왜 자녀에게 화를 내는가?

이 질문은 부모 자신의 부정적 감정에 대해 깊이 생각해 보게 한다. 사춘기 자녀를 양육하는 데 있어 가장 큰 스트레스는 바로 부정적인 감정이 내면에서 스멀스멀 올라온다는, 즉 화가 난다는 사실이다. 자녀와의 관계에서 왜 화가 나는지 그 상황을 생각해 보고, 화나는 이유를 분석해 보는 과정이 필요하다.

자녀와의 관계에서 화가 나는 일반적 상황은 다음과 같다.

첫째, 말을 듣지 않을 때 화가 난다. 부모는 무의식적으로 자녀를 자신의 소유로 인식해 자신이 말했는데 듣지 않으면 화가 난다. 옆집 아이가 자신의 말을 듣지 않으면 크게 화가 나지 않지만 자녀가 말을 듣지 않으면 유독 화가 나는 이유가 여기에 있다. 자신의 소유라는 무의식이 작동하기 때문이다.

둘째, 말대꾸할 때 화가 난다. 사춘기에 접어들면서 자기주장이 강해지면 아이는 자꾸 말대꾸를 한다. 무슨 말을 하면 끝까지

지지 않고 대들기도 한다. 이런 상황에서 부모는 화가 난다.

셋째, 자신의 기대에 미치지 못할 때 화가 난다. 부모가 아이에 대해 기대감을 갖는 것은 당연하고 자연스러운 일이다. 그런데 그 기대가 충족되지 못하면 화가 난다. 특히 아이에 대한 기대가 클수록 실망감이 크고, 그 감정이 화로 표현되어 나타난다. 예를 들어 아이가 공부를 곧잘 하고 과외도 시켜주었는데 시험 성적이 기대에 미치지 못하면 실망하고 그것이 화로 이어진다.

넷째, 아이가 예의 없는 행동을 할 때 화가 난다. 부모는 내 아이가 기본적인 예의를 갖추기를 원한다. 부모는 자녀에게 학교에 갔다 올 때 인사하고, 눈이 마주치면 말 한 마디라도 건네고, 뭔가 물어보면 짧게라도 답해주는 기본적인 예의를 요구한다. 그런데 사춘기 자녀들은 이 사소한 것조차 안 하려고 한다. 아침에 일어나도 부모를 본체만체하고, 학교에 갈 때도 문을 쾅 닫으며 나가고, 엄마 아빠의 질문을 무시하거나 귀찮다는 듯 퉁명스러운 반응을 보인다. 그러면 부모는 화가 난다.

다섯째, 아이가 혼자 결정하고 행동할 때 화가 난다. 부모에게는 다 큰 자녀라도 걱정이 되기 마련이라 무슨 일이 있으면 조언을 구하고 행동하기를 원한다. 그러나 부모의 기대와 달리 아이는 품 안에 있을 때만 자식이다. 자기 혼자 알아보고 결정하고 행동한다. 그러다가 실수도 저지르는데, 부모는 서운한 감정이 들고 화가 난다.

여섯째, 아이가 게으르고 공부하지 않을 때 화가 난다. 아이가 쉬는 날 잠만 자고, 공부하라고 했더니 꾸벅꾸벅 졸고, 학원에 가서 공부하는 줄 알았더니 PC방에 가고 하는 모습을 보면 화가 난다. 우리나라는 대학 입시가 중요하기 때문에 공부를 해야 하는데, 열심히 하지 않으면 화가 난다.

일곱째, 자녀가 아빠 엄마와 함께하지 않을 때 화가 난다. 어릴 때 아이는 어디를 가든 아빠 엄마를 졸졸 따라다니려고 한다. 그러던 아이가 사춘기가 되면서 친구를 더 좋아하고, 아빠 엄마가 "놀러 가자" "마트 같이 가자"라고 하면 귀찮아서 싫다고 할 때 서운한 감정이 뒤섞여 화가 난다.

화가 나는 상황과 이유를 분석하고, 화를 내는 자신을 객관화시킬 수 있다면 화를 가라앉힐 수 있다. 그리고 화나는 상황과 이유가 자신만 그런 것이 아니라 다른 부모도 마찬가지라는 생각이 들면 화를 누그러뜨릴 수 있다.

무엇보다 중요한 점은 신앙적 관점에서 자녀가 자신의 소유가 아니라는 의식을 확고하게 가지는 것이다. 그렇지 않으면 무의식적으로 자녀를 자기 소유로 생각하고 행동하기 쉽다. 또한 신앙인은 청지기 의식을 가져야 하는데, 이는 자신이 가진 것을 자신의 소유로 생각하지 않는 것이다. 내가 가진 것 모두가 주인의 것이며, 주인이 맡긴 것임을 알고 있다. 나의 주인은 하나님이시다. 그래서 내가 가진 물질, 시간, 재능, 관계 등 모든 것이 하나님의 것임을 인정해야 한다. 하나님이 우리에게 맡기신 것임을 인정해야 한다.

자녀 역시 내 것이 아닌 하나님의 소유다. 하나님은 자녀를 나에게 맡겨 주셨다. 그러므로 자녀를 하나님 앞에 선 귀한 인격체로 인정하면서 주인 되신 하나님의 뜻대로 양육해야 한다.

## 누구를: 나는 자녀를 다방면으로 이해하고 있는가?

누군가를 안다고 하려면 그 사람이 어떤 생각을 가지고 있는지, 어떤 마음 상태인지, 어떤 문화에서 사는지 이해하고 있어야 한다. 사랑의 증거는 '관심과 이해'다. 누군가를 사랑하면 그 대상에 대해 관심을 가지게 되고, 관심을 가지면 이해하려고 노력한다. 사랑한다고 말하면서 무관심하고, 자신과 다르다고 화를 낸다면 그것은 사랑이 아니다. 자녀와의 관계에서도 마찬가지다. 자녀를 사랑한다면 무엇보다 먼저 자녀에게 관심을 가져야 한다. 그리고 자녀를 이해하기 위해 노력해야 한다.

자녀를 알기 위해서는 세 가지 부분에서 이해가 필요하다. 지적 이해, 심리적 이해, 문화적 이해가 바로 그것이다. 사춘기 자녀는 지적으로 계속 성장하고 있으며, 심리적으로도 계속 성숙하는 중이다. 또한 친구들과 함께하는 공동체 안에서 특정한 청소년 문화를 경험하며 살아가고 있다. 부모는 자녀를 위해 이 세 가지 영역을 공부하고 노력해야 한다.

예를 들면 아이가 공부하면서 동시에 이어폰을 끼고 음악을 듣는다고 하자. 그러면 어떻게 반응하겠는가? 먼저 혼내고 나서 "이어폰 빼고 공부에 집중해!"라고 다그치겠는가? 이어폰으로 무슨 음악을 듣는지 물어보고 한번 들어 본 뒤 "비트가 빠른 노래를 들으면 공부에 집중할 수 없잖아"라고 잔소리를 하겠는가? 아니면 이어폰으로 무슨 음악을 듣고 있는지 물어보고 한번 들어 본 뒤 "좋은 노래네, 아빠도 마음에 드는데"라고 말하겠는가?

세 가지 보기 중 어떤 대답을 하겠는가? 현실은 첫번째 대답이겠지만, 이상적인 말은 마지막이다. 사랑은 관심과 이해가 밑바탕이 되어야 하기에 아이가 듣는 음악이 부모 마음에 들지 않더라도 관심을 가지려고 노력하면서 이해하려는 태도를 보여 주는 것이 중요하다. 얼마큼 자녀를 알기 위해 노력하고 이해하고 있는지 깊이 있게 성찰해야 한다.

특히 아이들의 문화를 이해하는 것이 아이들을 이해하는 데 정말 중요하다. 아이들의 문화를 이해하려면 게임문화, 영상문화, 음악문화를 분석해야 한다. 아이가 어떤 게임을 좋아하고, 어떤 게임을 하면서 시간을 보내고 있는지를 분석해야 한다. 보통 1년 단위로 아이들이 좋아하는 게임이 바뀌고 있다. 아이들이 어떤 게임에 빠지는 이유는 재미도 있지만, 자신들의 문화와 맞아떨어지기 때문이다. 그래서 아이들이 주로 하는 게임을 살펴보아야 아이들의 문화를 이해할 수 있다. 이것은 게임뿐 아니라 영상, 음악도 마찬가지다.

요즘 우리 아이들이 즐겨 보는 것은 유튜브를 통한 1인 미디어 영상이다. 먹방(먹는 방송)을 주로 보거나 게임 중계 방송을 본다. 왜 아이들은 유튜브 1인 미디어 영상에 열광하고 빠져드는 걸까? 아이들이 외롭기 때문이다. 아이들은 자신과 친밀한 관계에 있는 누군가를 원한다. 그런데 1인 미디어 영상은 다수에게 이야기하는 것 같지 않고 1대 1로 이야기하는 것 같은 착각에 빠지게 만든다. 1인 미디어 영상을 진행하는 사람(유튜버)이 자신에게 직접 이야기하고 설명해 주는 것처럼 친밀하게 느껴진다.

음악도 마찬가지다. 아이들이 좋아하는 음악에는 아이들의 문화가 반영되어 있다. 그래서 자신들의 문화에 딱 맞는 아이돌 그룹이 나오면 열광하게 된다. 이처럼 아이들의 문화를 알려면 아이들의 게임문화, 영상문화, 음악문화를 이해해야만 한다.

적용하기

1. 하나님 앞에서 자신의 부족한 부분을 돌아보는 부모가 되자!

2. 일곱 가지 성찰 키워드로 질문을 만들어 끊임없이 성찰하고 발전하는 부모가 되자!

   (1) 누가: 자녀와의 관계에서 나는 누구인가?

   (2) 언제: 나는 언제 자녀의 이야기를 들어주는가?

   (3) 어디서: 나는 집이 아닌 장소에서 자녀와 즐거운 시간을 보내는가?

   (4) 무엇을: 내가 자녀에게 주로 하는 잔소리는 무엇인가?

   (5) 어떻게: 나는 어떤 방식으로 자녀에게 사랑을 표현하는가?

   (6) 왜: 나는 왜 자녀에게 화를 내는가?

   (7) 누구를: 나는 자녀를 다방면으로 이해하고 있는가?

3. 하나님 앞에서 혼자 성찰할 수 있는 시간은 언제이고, 어디서 하는가? 구체적으로 계획을 세워 일주일에 한 번이라도 조용한 곳에서 부모로서 자기성찰하는 시간을 갖자!

# 2장
# 사자와 대화를 시도하다

　부모가 사춘기 자녀를 양육하는 데 있어 가장 힘들어 하는 부분이 바로 대화다.

　"우리 아이와는 대화가 안 돼요."

　"우리 아이는 엄마 아빠와 대화하는 것을 싫어해요."

　그러나 반대 입장에서 보면 우리 아이들도 부모에 대해 똑같은 말을 한다.

　"우리 아빠는 꽉 막혔어요."

　"우리 엄마와는 대화가 안 돼요."

　"우리 아빠는 꼰대예요."

　"엄마 아빠와 대화하다 보면 속이 터져요. 차라리 아무 말 안 하는 게 나아요."

　원래 관계는 상호적이다. 부모가 자녀에 대해 대화가 안 된다고 느끼면 자녀도 부모에 대해 똑같이 느끼게 되어 있다. 지금 아이가 부모와 대화 자체를 시도하지 않는가? 그동안 부모와의 대화에서 쌓인 것이 많다는 뜻이다. 따라서 이미 쌓여 있는 것부터 차분하게 풀어 나가야 한다. 마음 문은 한 번에 열리지 않는다. 시간을 두고 조금씩 열어 가야 한다. 이번 장에서는 어떻게 하면 사춘기 자녀들과 대화를 나눌 수 있는지 구체적으로 로 살펴보자.

## 들어 주는 예술 vs 듣는 예술

상담을 한 마디로 정의하면 '들어 주는 예술, 듣는 예술' 이다. '듣다'라는 영어 단어로 'hearing'과 'listening'이 있다. 'hearing'은 가만히 있어도 들리는 소리다. 길을 가다가 참새가 짹짹 노래하는 소리를 듣고, 자동차가 빵빵 경적을 울리는 소리를 듣는 것이다.

반면 'listening'은 주의 깊게 들어야 이해할 수 있는 소리다. 그래서 'listening'은 상담학 용어로 '경청'이라고도 표현한다. 자녀들이 학교에서 보는 영어 듣기평가는 'listening test'다. 영어는 모국어가 아니기에 가만히 있는다고 해서 저절로 들리지 않는다. 주의 깊게 듣기 위해 노력하고 신경을 집중해야 한다.

앞서 잠시 살펴보았지만 아이가 힘들거나 어려울 때 엄마와 아빠, 선생님을 찾지 않고 또래 친구를 찾아가는 것은 친구들이 자신의 이야기를 들어 주기 때문이다. 반면 엄마와 아빠, 선생님은 아이의 입장에서 보면 이야기를 들어 주기는커녕 도리어 기분 나쁜 잔소리만 늘어놓는다. 아이가 용기를 내어 말을 꺼내면 엄마 아빠가 그보다 더 많은 말을 한다.

부모와 자녀 간 대화의 비율을 살펴보면 아이가 10퍼센트, 부모가 90퍼센트라고 한다. 그마저도 아이가 듣기에 기분 상하는 말이 대부분을 차지한다. 그래서 아이는 부모와의 대화를 몇 차례 시도하다가 이내 지쳐버리고 결국 대화 자체를 거부하게 된다. 어렵고 힘든 일이 있어도 부모에게 비밀로 하고 또래 친구를 찾아간다.

### 들어 주는 상담에서 듣는 상담으로

사람의 마음 문을 열고 대화를 시도하려면 자신이 말하는 것을 확 줄여야 한다. 아니 거의 말을 하지 않고 들어 주어야 한다. '들어 주다'라는 단어의 뉘앙스에는 내가 도와준다는 뜻이 내포되어 있다. 듣는 사람이 손해를 본다는 의미가 있다. 그러므로 좋은 상담이 되려면 '들어 주는 상담'에서 '듣는 상담'으로 변화되어야 한다.

'듣는'이라는 표현은 상담자와 내담자가 동등한 상태가 되어 듣는 것 자체를 즐길 때 사용된다. 내가 손해 보고 노력해 '들어 주는' 것이 아니라 즐겁게 기꺼이 '듣는' 것이다. 아이와 대화하기를 원하는 부모라면 먼저 들어 주는 상담자가 되어야 한다. 그리고 거기서 끝나는 것이 아니라 '들어 주는 상담자'에서 '듣는 상담자'로 성숙해야 한다. 그러면 아이의 이야기를 듣는 것이 에너지 소비가 아닌 즐거움이 될 수 있고, 의식적인 행위가 아닌 자연스러운 일이 될 수 있다.

내가 아버지께 구하겠으니 그가 또 다른 보혜사를 너희에게 주사 영
원토록 너희와 함께 있게 하리니 요 14:16

우리 예수님은 승천하신 이후 성령님이 오실 것을 약속하
셨다.

예수님은 보혜사이고, 또 다른 성령님도 보혜사다. 여기서
'보혜사'는 헬라어로 '파라클레토스', 즉 상담자나 변호인, 위로
자, 격려자, 도우미로 번역할 수 있다. 하나님은 상담자로서 우
리의 이야기를 들어 주시고, 억울해 할 때면 우리를 변호해 주
시고, 힘들고 어려울 때 우리를 위로하고 격려하고 도와주시는
분이다. 우리가 믿는 하나님은 상담자이시므로 부모 역시 하나
님을 닮아 자녀의 상담자가 되어야 한다.

나는 20여 년 가까이 청소년들과 만나 상담하면서 많은 임
상 상담의 경험을 쌓고 있으며, 자화자찬하자면 상담에 대한
재능도 있다. 그래서 학교 교사나 청소년 교육자들이 나에게
'어떻게 하면 청소년들과 대화를 잘할 수 있는지, 상담을 잘할
수 있는지'에 대해 질문하곤 한다. 물론 많은 임상 상담의 결과
를 통해 찾은 나만의 노하우가 있다. 그런데 그 노하우는 엄청
심오하거나 힘든 것이 아니다.

일단 상담자로서 청소년 내담자와 처음 만나 이야기를 나누
는 것은 전문가에게도 쉽지 않은 일이다. 부모의 소개로, 지인
이나 목회자의 소개로 아이가 상담을 받으러 오는 경우가 많기
때문에 상담자인 내가 상담 받게 될 아이를 잘 모르는 경우가

대다수다. 또한 아이의 입장에서는 한창 예민한 사춘기에 낯선 어른에게 자신의 이야기를 한다는 것은 내키지 않는 일이다. 그래서 처음 내담자를 만나게 되면 두 가지를 이야기한다.

"선생님은 네 이야기를 들어줄 준비가 되어 있어. 그러니 선생님을 믿고 하고 싶은 말이 있으면 속 시원하게 꺼내 놓으렴."

이 말을 할 때는 진심 어린 표정과 따뜻한 눈빛이 중요하다. 커뮤니케이션학에서 보면 사람은 언어적 전달 내용을 받기 전에 이미 비언어적 표현을 통해 전달 내용을 감지한다고 한다. 그만큼 의사소통에서 비언어적 요소가 중요한 부분을 차지한다. 즉 표정이나 몸짓, 앉은 자세, 눈빛 등이 중요하다. 입으로는 "네 이야기를 모두 들어줄게"라고 말하면서 시선이 다른 곳을 향해 있거나, 피곤한 표정을 짓는다면 내담자는 상담자를 신뢰할 수 없다. 따라서 진심 어린 말투와 따뜻한 표정, 적당한 눈맞춤은 내담자가 상담자를 신뢰하게 만드는 중요한 요소다.

그러고 나서 아이에게 "비밀 보장이 되니까 마음 놓고 말해 보렴"이라고 말한다. 물론 상담학에서 비밀 보장을 하면 안 되는 몇 가지 상담 내용이 있기는 하지만, 청소년 상담에서는 그런 내용이 거의 나오지 않기 때문에 비밀 보장에 대해 말하면서 아이에게 안전감(자신의 이야기를 꺼내 놓아도 안전하다고 느끼는 감정)과 편안함을 줄 수 있어야 한다.

## 인내하고 공감하라

아이가 조금씩 이야기를 꺼내 놓기 시작하면 그저 들어 준다. 이때 훈수를 두거나 조언하거나 해결 방법을 제시해서는 안 된다. 아마 부모는 뭔가 말하고 싶어 입이 근질근질할 것이다. 그러나 들어야 한다는 것을 꼭 기억하길 바란다. 상담학에서 보면 내담자가 상담자를 찾아오는 것은 답을 얻기 위함이 아니다. 그럼에도 상담자를 찾아오는 이유는 그저 자기 이야기에 공감해줄 누군가를 원하기 때문이다. 상담자로부터 공감과 지지를 받고 싶고 응원을 받고 싶은 것이다.

이처럼 부모는 자녀와 대화할 때 그저 들어 주어야 한다. "이렇게 하라, 저렇게 하라"는 답을 제시하거나 아이의 말을 가로막고 자기 이야기를 늘어놓는 것은 자녀의 입을 막는 행위라는 것을 잊어선 안 된다.

내담자의 이야기를 듣는 도중 상담자가 해야 할 일은 단지 공감적 반응, 공감적 호응, 공감적 추임새뿐이다.

"그랬어? 와! 대단하다."

"정말? 와! 어떻게 그렇게 어려운 일을 견뎠니? 엄마라면 견디기 어려웠을 거야."

"더 이야기해 봐. 그래서 어떻게 되었는데?"

물론 대화의 시간을 마련하고 이야기를 들어줄 준비도 되어 있는데, 아이가 계속 말을 하지 않으면 인내의 한계점이 오기도 한다. 그러나 계속 기다려 주어야 한다. 대화 도중에 찾아오는 침묵을 두려워해선 안 된다. 아이는 그저 이야기를 하기 전 생각할 시간을 갖는 것이다. 아이에게 생각할 여지조차 주지 않는다면 좋은 대화의 과정이라고 볼 수 없다. 대화 도중 침묵이 이어져도 두려워하면 안 된다. 어색한 침묵 때문에 이상한 말을 자꾸 늘어놓아서도 안 된다.

여기까지 설명하면 "시간도 주고 침묵도 허용하고 했는데도 말을 안 하면 어떻게 해요?"라고 질문하는 사람이 있다. 그때는 어쩔 수 없다. 상담은 듣는 예술이지만 예외 상황으로 먼저 말을 꺼내야 할 경우도 있다. 그때는 "엄마가 고등학교 2학년 때, 교회 오빠를 좋아했거든. (중략) 너 아빠한테 절대 말하면 안 돼?"라는 식으로 부모의 경험을 먼저 말해주면 좋다.

이런 경우 아이는 엄마에게 동질감을 갖게 되면서 서로 마음을 열 수 있다. 부모가 청소년 시절 겪었던 일들을 나누면서 아이에게 엄마 아빠가 인생의 선배라는 사실을 인지시키는 기회를 갖는 것이다. 아이들은 부모도 청소년기를 겪었다고 머리로는 알고 있지만 일상생활을 하는 가운데 그 사실을 잊어버리곤 한다. 그래서 부모에게 "엄마 아빠는 내가 지금 얼마나 힘든지 알기나 해요?"라고 소리친다. 그러면 부모는 "왜 몰라? 나도 청소년 시기가 있었는데…"라고 말한다. 부모가 청소년 시절에 겪었던 일들을 말해주면 아이는 부모를 자신의 선배, 청소년기의 선배로 인식하며 동질감을 가질 수 있다.

사춘기 자녀와 대화할 때 좋은 팁 하나를 더 언급하면 스무고개에 익숙해지라는 것이다. 문제를 내고 그것에 대해 하나씩 힌트를 주면서 스무 개의 힌트를 다 주기 전에 답을 맞추는 것이 스무고개 게임이다. 아이들은 자신의 이야기를 할 때 빙빙 돌려 말한다. 듣다 보면 답답한 것을 넘어서 속이 터질 지경이다. 그러나 이것이 사춘기 아이들의 화법인 것을 어떻게 하겠는가! 이때 아이들은 스무고개 게임을 하는 것처럼 바로 답을 말하지 않고 힌트를 하나씩 하나씩 꺼내 보여 준다. 부모가 이런 아이들의 화법에 익숙해지지 않으면 주변 이야기를 하는 것으로 끝날 가능성이 높다.

### 듣는 훈련을 하라

몇 년 전에 정말 어려운 중학생을 상담한 적이 있다. 외국에 살고 있던 학생이었는데, 계속 살이 빠지면서 성격이 예민해지고 학교도 가기 싫어하고 삶의 의욕도 없었다. 분명 이유가 있을 텐데도 학생이 부모에게 자신의 이야기를 꺼내 놓지 않아서 부모와 아이 모두 힘들어 했다. 그 가족이 잠시 한국에 들어왔을 때 지인에게 청소년 상담을 전문으로 하는 사람을 소개시켜 달라고 해서 그 부모와 학생을 만나게 되었다.

아이와 상담에 들어가기 전 부모와 먼저 이야기를 나누었다. 아이가 어떤 특성을 가지고 있는지, 부모가 생각할 때 아이가 어떤 어려움을 겪고 있는지를 알아보았다. 그다음 부모와 분리해 학생의 상담을 진행했다. 처음에 그 학생은 한 마디도 하지 않았다. 당연한 반응이었다. 그래서 아이에게 심리적 안전감을 갖게끔 노력했다.

그럼에도 여전히 말을 안 해서 중학교 때 힘들었던 내 이야기들을 들려준 뒤 그 아이가 말하기를 기다렸다. 한 시간쯤 흘렀을 때 감사하게도 아이가 자신의 이야기를 하기 시작했다. 학생과 계속 만날 수 있었다면 회기를 나누어 차근차근 상담을 진행했을 테지만, 잠시 한국을 방문했을 때 만났던 터라 하루에 모든 과정을 진행할 수밖에 없었다. 말을 시작했을 때 공감적 반응과 공감적 호응, 공감적 추임새를 하자 그 학생은 계속 자신의 이야기를 꺼내 놓았다.

놀라운 것은 그 학생의 문제가 학교 부적응이나 친구 간의 갈등이 아니라 가족관계에서 발생했다는 사실이다. 그 학생은 아버지가 맏이로서의 부담감과 책임감을 안겨 주어 힘들어 하고 있었다. 그리고 동생이 한 명 있는데, 동생과 의견 충돌이 있거나 싸우면 어머니는 항상 동생 편만 들어 주어 의지할 대상이 없었다. 동생은 부모가 다 자기편을 들어 주니 심심하면 형을 이용하고 괴롭히는 등 힘들게 했다. 상담해 보면 청소년들 가운데 가족관계로 힘들어 하는 경우가 의외로 많다. 그래서 부모의 역할이 얼마나 중요한지 깨닫고 또 깨닫는다.

이야기를 듣고 난 뒤 그 학생을 위로하면서 서운한 점이 있어도 부모님이 사랑한다는 사실을 절대 의심하지 말라고 이야기해 주었다. 그리고 하나님 앞에 자신이 얼마나 소중한 존재인지를 일깨워 주었다. 상담이 끝난 후에는 그 부모에게 연락해서 맏아들의 편을 들어 주고 위로하고 따뜻한 마음으로 이야기를 듣는 존재가 되어 달라고 말했다. 감사하게도 그 학생은 서서히 힘든 상황에서 벗어날 수 있었다.

신앙 상담의 예도 하나 들어 보겠다. 어느 수련회에 강사로 섬겼을 때 만났던 학생과의 이야기다. 고등학교 1학년 학생이었는데, 나에게 찾아와서 상담해 달라고 요청했다. 그래서 수련회 일정 가운데 시간을 내어 학생의 이야기를 들어 주었다. 이 학생의 고민은 부모님이 신앙을 강요해서 신앙생활을 하기가 힘들다는 것이었다. 모태신앙으로 태어난 학생은 엄마 아빠가 자신에게 엄격한 신앙을 요구한다고 했다. 청소년기를 지나면서 신앙에 대해 궁금하거나 고민되는 내용에 대해 질문하면 "질문하지 말고, 그냥 듣고 믿어"라고 밀어붙였다고 한다. 그래서 오히려 엄마 아빠 때문에 신앙에 반감이 들고, 신앙생활을 하기가 싫다고 했다.

이 학생이 즐겁게 신앙생활을 하기 위해 필요한 것이 무엇일까? 바로 부모가 아이의 속이야기를 듣는 것이다. 부모는 아이가 신앙에 대해 어떤 생각을 하고, 무엇이 궁금하고 힘든지 털어놓으면 들어 주어야 한다. 아이가 말하려는 것을 막으면 안 된다. 신앙생활을 하는 데 있어서도 아이의 속이야기를 잘 들어 주어야 한다. 모태신앙을 가진 청소년들과 신앙을 주제로 이야기를 나눠 보면, 이 학생과 비슷한 경우가 너무 많음을 발견하게 된다.

다시 한번 강조하지만 상담은 들어 주는 예술, 듣는 예술이며, 들어 주는 예술에서 듣는 예술로 점차 나아가야 한다. 이야기를 잘 들어 주면 아이와의 대화가 열리기 시작한다. 한 번 들어 주고, 다음 날 다시 예전으로 돌아가 자기 이야기만 한다면 아이는 부모에 대해 신뢰를 갖지 못하게 된다. 따라서 일관성 있는 변화가 필요하다.

오늘부터 아이의 이야기를 듣는 훈련을 하라. 이 노력이 쌓이면 아이들은 부모를 자신의 이야기를 들어 주는 최고의 친구로 인식하게 되고, 어떤 비밀 이야기도 부모에게 터놓게 된다.

## 칭찬도 훈련이 필요하다

인간은 감정의 동물이다. 재미있는 사실은 먼저 들어온 감정이 사람의 심리를 지배한다는 것이다. 그래서 부정적 감정이 먼저 들어오면 그 감정이 심리를 지배하게 되고, 긍정적 감정이 먼저 들어오면 그 감정이 심리를 지배하게 된다. 아이와의 대화를 통해 관계가 좋아지는 특효약은 뭐니 뭐니 해도 칭찬이다. 물론 칭찬에도 방법이 있다. 칭찬을 잘하기 위해서는 무엇보다 많이 해 보아야 한다. 즉 훈련이 필요하다.

### 칭찬의 원칙

칭찬의 방법은 바로 개별화와 구체화다. 존재마다 다르게 칭찬해야 하고, 칭찬할 때는 뜬구름 잡는 추상적인 말이 아니라 구체적으로 해야 한다. 예를 들어 아들 둘이 있는데, 첫째 아들에게 "너는 참 잘생겼어"라고 말하고, 둘째 아들에게 "너는 참 멋있어"라고 말하면 그것은 칭찬이 아니다. 개별화가 되지 않았기 때문이다. 잘생긴 것이 멋있는 것이기에 달리 표현했을 뿐이지 결국 같은 칭찬이다. 그리고 각 아이에 대한 칭찬의 내용이 구체적이지 않아서 엄밀히 말하자면 칭찬이라고 말하기 어렵다.

첫째 아들에게 "안경 모양이 네 얼굴형과 잘 어울린다"라고 말했다고 하자. 이것은 구체화와 개별화가 이루어졌기 때문에 좋은 칭찬의 예가 될 수 있다. 또 둘째 아들에게 "오늘 입은 옷 색깔이 네 얼굴색과 잘 어울려 밝고 생동감이 넘쳐 보이는구나"라고 말했다고 하자. 이것도 구체화와 개별화가 이루어졌기에 좋은 칭찬의 예가 될 수 있다.

칭찬의 또 다른 원칙은 상황화다. 아이가 말한 그 상황에서 칭찬의 내용을 찾으라는 것이다. 자녀에게 "영국의 수도는 어디지?"라는 퀴즈를 냈다고 하자. 이 질문에 아이가 "뉴욕이잖아요"라고 답했다. 틀리게 대답했지만, 이 상황에서 자녀를 칭찬해야 한다면 어떻게 해야 할까? 이때는 아이가 말한 상황에서 칭찬 거리를 찾으면 된다. 이 상황에서는 아이가 "뉴욕"이라는 미국의 도시를 알고 있다는 점에 대해 칭찬을 한다.

"우리 딸은 미국과 세계 경제의 중심지인 뉴욕을 알고 있네. 우리나라도 아니고 다른 나라의 도시를 알고 있다니 대단한걸!"

그다음에는 답을 맞힐 수 있는 기회를 제공해야 한다. 결국 답을 맞히지 못한다면 배움으로 마무리를 지으면 된다. "몰랐던 도시 하나를 배우는 기회가 되었네. 런던이라는 도시가 있는데, 그곳이 바로 영국의 수도야."

칭찬은 칭찬받은 내용이나 분야에 대해 흥미를 가지게 만든다. 일반 과목도 마찬가지다. 아이가 국어에 칭찬을 받으면 국어에 흥미를 갖게 되고, 수학에 칭찬을 받으면 수학에 흥미를 갖게 되고, 영어에 칭찬을 받으면 영어에 흥미를 갖게 된다.

중학교 때 만났던 선생님들 가운데 오랫동안 기억에 남는 선생님이 계신다. 중학교 3학년 때 만난 여자 선생님으로 기술 과목을 가르치셨다. 나는 책에 줄을 그으면서 읽는 버릇이 있다. 그러면 내용이 눈에 잘 들어오기 때문이다. 어느 날 수업 시간에 선생님이 옆쪽에 서 있다가 내 책을 보셨고, "기술 과목을 이렇게 열심히 공부하는 학생이 있네. 너무 기특하다"라고 칭찬하면서 내 머리를 쓰다듬어주셨다. 그 후로 가장 좋아하는 과목은 기술이 되었고, 국어와 영어, 수학이 아닌 기술 과목을 예습까지 하게 되었다.

칭찬을 먼저 하면 긍정적 감정이 들어와서 아이의 심리를 지배하게 된다. 그러면 아이가 마음 문을 열고 대화에 나선다. 아이와의 대화에서 먼저 칭찬하라는 원칙을 꼭 실천해 보기를 바란다.

예를 들어 아이가 시험 성적표를 받아 왔는데, 국어는 100점이고 영어는 50점이라고 하자. 그러면 대부분의 부모는 국어 100점보다 영어 점수가 먼저 눈에 보여 "너는 영어학원을 다니고도 50점이 뭐니? 엄마가 너 영어학원 보내느라 얼마나 돈을 많이 썼는데 점수가 그게 뭐야? 다음에는 영어 점수 좀 올려라!"하며 혼내거나 잔소리를 한다. 그런 다음 국어 점수가 눈에 들어와서 "우리 아들이 국어는 참 잘하네"라고 칭찬한다. 그러나 국어에 대한 칭찬은 아이의 귀에도 마음에도 전혀 들어오지 않는다. 부정적 감정이 이미 내면을 지배했기 때문이다. 아무리 긍정적인 메시지가 들어와도 부정적으로 변한 감정은 회복되지 않는다. 이렇게 되면 부모가 처음에 했던 영어 점수 올리라는 말도 들리지 않고, 그다음 국어 잘했다는 칭찬도 들리지 않게 된다. 얼마나 허무한 일인가!

반면 국어 점수를 먼저 칭찬했다면 아이의 내면은 긍정적 감정이 지배하고 있기 때문에 그 뒤에 부정적 메시지가 들어와도 받아들일 수 있는 상태가 된다. 그렇다면 먼저 칭찬을 하고 그다음에 잔소리를 쏟아내도 되고, 화를 폭발시켜도 되고, 소리를 쳐도 되는가? 절대 그렇지 않다.

### '나-메시지'를 활용하라

부정적 메시지를 전달할 때는 방법이 있다. 바로 '나-메시지'(i-message)를 사용하는 것이다. 이는 심리학적으로, 교육학적으로, 통계학적으로도 검증된 좋은 대화 방법이다. '나-메시지'는 말하는 사람의 감정과 상황에 집중하는 것이다. 예를 들어 엄마가 아이에게 말하는 경우에는 "엄마는 네가 이렇게 하니까 마음이 아파"라고 말하고, 아빠가 아이에게 말하는 경우에는 "아빠는 네가 이렇게 해주면 너를 더 존중하게 될 것 같아"라고 말하는 것이다.

상대방의 상황과 감정에 집중된 '너-메시지'는 싸움으로 이어지거나 상대를 기분 나쁘게 만든다. 한 가지 예를 들면 내 제자들 가운데 교회에서 아이들을 가르치고 설교하는 목회자가 많다. 얼마 전 청소년 사역을 하는 한 제자가 찾아와서 씩씩거리며 말했다.

"더는 청소년 대상으로 설교를 못 하겠어요. 이제 청소년을 가르치고 싶지 않아요. 애들이 싸가지가 없어요."

"왜 그러는데? 자세히 말해 보렴."

"지난 주일에 설교를 하는데 한 학생이 고개를 숙인 채 핸드폰을 만지고 있는 거예요. 그 모습에 화가 많이 났지만 설교를 끝냈어요. 그러고 나서 그 학생에게 가서 웃는 표정으로 '설교 시간에 계속 고개 숙이고 핸드폰을 하면 손목도 아프고 고개도 아프지 않니?'라고 말했어요. 그랬더니 그 학생이 눈을 동그랗게 뜬 채 '손목도 안 아프고 고개도 안 아픈데 왜 참견이세요?'라고 말하더라고요. 너무 싸가지 없지 않나요? 청소년들 가르치는 게 정말 힘드네요."

제자의 화법에 무엇이 문제였을까? 제자는 화가 났지만 고개 숙인 채 핸드폰을 하는 학생을 최대한 배려해 그 학생의 손목과 고개를 걱정하며 말했다. 그러나 그 학생은 받아들이지 않았다. 아무리 걱정하는 말이었다고 해도 '너-메시지'를 사용했기 때문이다. 부정적 내용을 말할 때 '너-메시지'는 그다지 효과가 없다. 그러나 말하는 사람 자신의 상황과 감정에 집중된 '나-메시지'는 상대방을 기분 나쁘게 하지 않으면서 부정적 메시지를 잘 전달할 수 있는 지혜로운 방법이다. 실제로 행동 변화에도 효과적이다.

아이가 국어 100점, 영어 50점을 받아 온 상황으로 다시 돌아가서 국어 100점 받은 것을 칭찬한다. 그다음에는 영어 50점 받은 것에 대해 '나-메시지'로 아이의 입장에서 잔소리가 될 만한 부정적 내용을 전달하는 것이다.

"우리 아들은 국어를 정말 잘하네. 어릴 때부터 말을 잘하더니 국어에 특별한 재능이 있는 것 같아. 그런데 영어는 50점이구나. 엄마는 우리 아들이 영어 공부하는 시간을 늘리고 더 집중해서 오늘 받은 점수보다 더 나은 점수를 받으면 기분이 좋을 것 같아. 엄마도 고등학교 때 영어를 못해서 힘들었어. 공부하기 힘들겠지만 조금 더 노력한다면 더 좋은 점수를 받을 수 있을 거야. 그러면 엄마가 기쁠 것 같아."

아이와 대화할 때 긍정적 메시지를 먼저 말하는 것, 즉 먼저 칭찬하기가 중요하다. 그러고 나서 부정적 메시지에 대해서는 '나-메시지'를 사용해 아이와 대화를 이끄는 지혜로운 부모가 되었으면 좋겠다.

## 내용보다 형식이 중요하다

사춘기 아이들의 특징은 바로 내용보다 형식을 더 중요하게 여긴다는 점이다. 내용보다 형식을 우선시 하고, 형식이 마음에 들면 그다음으로 내용을 받아들인다. 노래로 비유하자면, 노래의 '내용'은 가사가 되고, 노래의 '형식'은 장르나 비트가 되는 셈이다.

노래를 들을 때 가사가 먼저 들리는가, 아니면 장르나 비트가 먼저 들리는가? 아이들은 가사보다 비트나 리듬을 먼저 듣고 자신의 마음에 들면 그다음으로 가사를 듣는다. 반면 세대가 올라갈수록 가사를 먼저 듣는다. 서정성이 짙은 가사, 자신의 마음을 움직이는 감동적인 가사의 노래를 좋아한다.

교육에 있어서도 마찬가지다. 교사가 영상 도구로 1998년에 개봉했던 레오나르도 디카프리오 주연의 〈타이타닉〉을 보여 주었다고 해 보자. 어른 세대는 이 영화의 진한 감동을 익히 기억하고 있다. 그래서 교사는 학생들도 감동할 거라는 생각에 야심차게 영화를 보여 줬지만, 아이들은 감동은커녕 잠을 잔다. 왜 그럴까? 내용보다 형식이 더 우선이기 때문이다. 〈타이타닉〉이 아무리 감동적이어도 영화의 촬영 기법이나 화질 등 형식이 아이들의 용어로 너무 올드(old)할 수 있다. 심지어 주인공인 레오나르도 디카프리오가 누구인지도 모른다. 그래서 아무리 좋은 내용의 영화여도 아이들이 지루해 하는 것이다.

그렇다면 아이들은 부모에 대해 어떻게 정의를 내릴까? 예전에 사춘기 아이들을 대상으로 부모에 대해 정의를 내려 보라고 한 조사의 결과를 본 적이 있다. 1위가 '옳은 말을 기분 나쁘게 하는 분'이었다. 참 웃픈(웃기면서도 슬픈) 대답이 아닐 수 없다. 사실 부모에 대한 이 정의는 사춘기 아이들의 특성을 정확하게 보여 준다. 우리 아이들은 부모의 말이 옳다는 것을 안다. 그나마 희망적인 일이다. 그렇다면 아이들은 부모의 말이 옳다는 것을 알면서도 왜 듣지 않는 걸까? 부모가 자신의 기분을 나쁘게 했다고 생각하기 때문이다.

여기서 '옳은 말'은 말의 내용이고, '기분 나쁘게'는 전달 방식인 말의 형식이다. 아이들에게 말의 내용이 좋은지 안 좋은지, 옳은지 그른지는 중요하지 않다. 말의 형식이 마음에 들어야 그 내용을 받아들인다. 그러면 아이들이 좋아하는 말의 형식은 무엇일까?

첫째, 기분 나쁘게 말하지 않는다. 기분 나쁜 말투나 표정, 귀찮은 듯한 자세를 취하지 않고 말해야 한다. 기분 나쁘게 말하지 않는 것을 바꿔 말하면 기분 좋게 말하는 것이다. 친절한 말투와 웃는 표정, 진심을 담아 경청하는 자세로 말해야 한다.

둘째, 짧게 말한다. 아이들은 길게 말하는 것을 싫어한다. 부모의 말이 길어질 것 같으면 벌써부터 귀를 닫는다. 영상 편집을 하는 제자에게 들은 말인데, 요즘 아이돌 가수들이 나오는 음악 영상의 화면 전환이 다른 영상과 비교해 가장 빠르다고 한다. 반면 어른들이 좋아하는 드라마는 화면 전환 속도가 음악 영상과 비교할 수 없을 정도로 느리다고 한다.

이런 문화가 말에도 반영되어 요즘 아이들은 짧게 말하는 것을 선호한다. 웬만한 단어는 다 축약한다. 단체 카톡은 '단카', 생일 파티는 '생파', 생일 선물은 '생선', 맥도날드는 '맥날'이다. 심지어 자음으로만 표현하는 경우도 많다. 응은 'ㅇㅇ',

감사는 'ㄱㅅ', 죄송은 'ㅈㅅ', 어디는 'ㅇㄷ', 축하(추카)는 'ㅊㅋ' 등으로 사용하는 것이다.

셋째, 한 번에 다양한 주제를 가지고 말한다. 우리나라는 모바일 인터넷 속도가 세계에서 가장 빠른 나라다. 모바일 인터넷 속도가 빠르다는 것은 그만큼 최신 정보를 빨리 받을 수 있다는 뜻이다. 그래서 정보가 업데이트 될 때마다 그에 맞춰 가장 민감하게, 가장 빨리 반응하고 변화한다. 사회학적으로도 우리나라의 변화 속도는 세계에서 가장 빠르다고 할 수 있다. 그런데 인터넷으로부터 가장 많은 영향을 받는 존재가 바로 사춘기 아이들이다. 정보가 업데이트될 때마다 그에 맞춰 이들의 패션 스타일, 음악 트렌드도 금방 바뀐다. 이런 성향을 가진 아이들은 하나의 내용을 가지고 이야기하는 것보다 내용이 계속 변화되는 것을 좋아한다. 한 주제를 가지고 길게 이야기하기보다 다양한 주제로 이야기하는 것을 선호한다.

넷째, 재미있게 말한다. 어찌 보면 이것이 가장 어려울 수 있다. 아이들은 재미있는 사람, 구체적으로는 재미있게 말하는 사람을 좋아한다. 재미있게 말한다는 것은 다양한 의미를 내포한다. 말 자체가 재미있어야 한다는 뜻도 되고, 분위기를 좋게 만들기 위해 말해야 한다는 뜻도 되고, 흥미를 유발하도록 말해야 한다는 뜻도 된다. 사춘기 아이들에게는 아버지뻘 되지만 아이들이 친근하게 느끼는 연예인이 있다. 바로 유재석 씨다. 그는 남녀노소 할 것 없이 모든 사람이 좋아한다. 왜 그럴까? 재미있게 말하기 때문이다. 유재석 씨는 말 자체가 재미있고,

말로 분위기를 좋게 이끌어가며, 흥미를 불러일으키는 말투를 사용한다. 부모들도 그의 화법을 참고해서 재미있게 말하는 것을 공부하면 좋겠다.

다섯째, 빠르게 말한다. 우리 아이들은 느리게 말하는 것을 싫어하고 속도를 빨리하는 말의 형식을 선호한다. 나는 말이 느린 편이라 청소년들을 가르치는 것이 쉽지 않다. 그러나 부단히 노력해서 어른 세대와 이야기할 때는 본래 모습대로 느리게 말하지만, 사춘기 아이들과 말할 때, 교육하거나 설교할 때는 빠르게 말한다. 말의 형식이 아이들의 눈높이에 맞으면 아이들과 마음 문을 열고 대화할 수 있다.

## 공통 관심사를 가지고 대화하라

말하기 싫어하는 아이와 대화할 때 부모는 자녀와의 공통 관심사를 찾기 위해 노력해야 한다. 대화는 부모와 자녀 간의 커뮤니케이션을 위한 것이다. 커뮤니케이션의 뜻은 대화하는 사람 사이에 공통성을 만들어내는 것이므로 공통적인 화제가 중요하다.

만약 아이가 축구를 좋아하고 아빠가 축구에 관심이 있으면 이 주제를 가지고 이야기를 나누면 좋다.

"요즘 프리미어 리그에서 뛰는 선수들 가운데 누가 가장 좋니?"

"내년에 토트넘이 프리미어 리그에서 몇 등 할 것 같아? 챔피언스리그에서 잘할 것 같아?"

나는 개인적으로 축구를 정말 좋아한다. 사실 초등학교 시절에 학교 축구부에서 선수로 활약했다. 중·고등학교 때 공부를 하면서 어쩔 수 없이 축구선수의 꿈을 접었지만 쉬는 시간마다 운동장에서 축구를 하며 살았다. 그리고 공부하다가 스트레스가 쌓이면 축구 경기를 보면서 경기의 내용을 분석했다. 우리나라 축구 국가대표팀의 경기를 녹화했다가 다시 보면서 나름 전술 등을 분석하기도 했다. 감사하게도 아버지가 축구를 정말 좋아하셔서 중·고등학교 시절 아버지와 서먹했을 때도 축구 이야기를 나누면 대화가 잘 되고 어색하던 관계도 좋아졌다. 월드컵을 비롯한 국가대항전 시즌이 다가오면 아버지와 축구를 보면서 즐겁게 이야기를 나누었던 기억이 난다.

공통 관심사를 찾아 그것을 가지고 대화를 시도하는 것은 좋은 방법이다. 얼마 전 고등학교 3학년 남학생을 상담한 적이 있다. 학생의 부모가 부탁한 상담이었다. 학생을 처음 만나 마음 문을 열고 속이야기를 꺼내게 하려고 무던히 애를 썼지만 말을 하지 않아서 정말 어려운 상대를 만났다고 생각했다. 그런데 쉬는 시간에 우연히 그 학생이 핸드폰으로 프리미어 리그를 검색하고 관련 기사를 보는 것을 발견했다.

그래서 쉬는 시간을 마치고 "너 축구 좋아하니? 나도 좋아해. 나는 프리미어 리그를 가장 좋아하는데, 너는 어때?"라고 학생에게 먼저 말을 꺼냈다. 이 질문으로 그 학생의 말문이 터졌다. 얼굴에 화색이 돌면서 자신이 어떤 팀을 좋아하는지, 어떤 선수를 좋아하는지, 자신이 선호하는 축구 전술은 무엇인지 등 축구와 관련된 이야기를 쭉 늘어놓았다. 그 후로는 상담이 잘될 수밖에 없었다. 축구 이야기로 순식간에 친해진 그 학생은 이내 속이야기를 꺼내 놓았고 좋은 상담을 이어갈 수 있었다.

이처럼 공통 관심사를 가지고 이야기를 나누는 것은 너무나 중요하다. 공통 관심사에 대해 이야기하면 부모도 피곤하지 않고 아이와의 대화가 부담스럽지 않고 대화를 즐기게 된다. 부모 역시 관심사이기에 당연한 일이다.

최근 한 고등학교 여학생과 그 어머니를 알게 되었는데, 아이와 대화가 잘 되는 참 지혜로운 어머니였다. 고등학생 딸은 한 아이돌 그룹의 열혈 팬이었다. 팬클럽에 가입해서 적극적으로 활동하며 그 그룹과 관련된 소품을 모으고 콘서트에도 빠짐없이 가는 학생이었다. 다른 어머니들 같으면 "공부나 해라"고 말릴 텐데, 그 어머니는 아이가 좋아하는 아이돌 그룹 음악을 따라 들으면서 자신도 정말 좋아하게 되었다고 한다. 즉 공통 관심사를 갖게 된 것이다. 그래서 어머니와 딸은 하나가 되었다. 그 아이돌 그룹 이야기를 하면서 대화가 술술 풀리고, 친구처럼 서로 격 없이 친해졌다.

우리 아이가 주로 듣는 음악, 즐겨 보는 책, 자주 찾아보는 영상, 열광하는 스포츠, 좋아하는 가수나 연예인, 스포츠 스타 등을 유심히 살펴보라. 그리고 자신과 아이의 공통 관심사를 찾아라. 자신과 닮은 자녀이기에 분명 공통 관심사가 있을 것이다. 그 공통 관심사를 가지고 대화를 시도하면 관계가 좋아지고, 더욱 친밀한 관계가 되어 자녀가 자신의 내면에 있는 이야기를 꺼내 대화를 나눌 수도 있다.

신앙에서도 분명 자녀와 공통 관심사가 있을 것이다. 그 관심사를 가지고 대화하면 아이뿐 아니라 부모도 자신의 신앙을 되돌아보며 성장하는 기회가 될 수 있다. 내 딸은 성경에 등장하는 인물에 대해 관심이 많다. 인물뿐 아니라 누구 아들은 누구, 누구의 조상은 누구 등 그 인물의 가계도에 관심을 갖고 있다. 그래서 종종 딸과 성경의 등장인물에 대해 이야기를 나누고, 주요 인물의 가계도를 성경 안에서 찾아보기도 한다. 그러다 보면 함께 성경공부를 할 수 있고, 자연스레 신앙을 주제로 대화를 나눌 수 있게 된다.


## 카톡을 활용하라


요즘은 메신저를 이용한 문자로 대화할 수 있는 기회가 많다. 자녀들과의 대화에서도 카톡(카카오톡)을 적극적으로 활용하는 것이 좋다. 특히 부모와 직접 대면했을 때 대화가 잘 안되는 자녀일수록 카톡을 통해 문자로 대화하면 효과를 볼 수 있다. 예전에 중학교 2학년 아이들을 대상으로 한 달 정도 진행하는 교육 프로그램의 강사로 참여했는데, 거기서 30여 명으로 구성된 한 반을 맡게 되었다. 우리 반의 학생 가운데는 쉽게 마음 문을 열고 나와 대화하는 아이가 있는가 하면 말하지 않고 그냥 조용히 있는 아이도 있었다.

재미있는 점은 반에서 말을 잘 안 하는 아이들이 단체 카톡에서는 누구보다 열심히 참여하고 의견을 많이 제시했다는 사실이다. 나는 너무 신기해서 말을 잘 안 하는 아이들에게 개인 카톡으로 대화를 시도했는데, 문자로는 답변을 잘하는 것이다. 이 아이들은 카톡으로는 대화를 잘 나누다가 다음 날 만나면 언제 그랬냐는 듯 말을 하지 않았다. 소심하고 부끄러움이 많은 아이나 대화를 어려워하는 아이들에게는 카톡을 통해 대화를 시도해 보는 것도 좋은 방법이다.

연구에 따르면 카톡을 비롯한 문자로 커뮤니케이션을 해야 할 때가 있다. 첫째, 정보를 전달할 때다. 객관적 정보나 공지 사항을 전달할 때는 말보다 문자를 사용하면 객관적인 정보를 제시할 수 있어 좋다. 둘째, 감정이 격해 있을 때다. 부모와 자녀가 싸워 감정이 격할 때, 화가 난 상태일 때는 얼굴을 맞대고 말하기보다 문자로 의사소통을 하면 분한 감정이 사그라지고 차분히 대화를 나눌 수 있다. 셋째, 말로 하는 대화가 잘 안 될 때다. 앞선 예에서 살펴본 것처럼 말로 하는 대화가 잘 안 되면 문자로 하는 대화가 돌파구 역할을 해준다. 이때는 문자를 통해 대화를 시도하는 것이 좋다.

카톡을 통해 대화를 시도할 때 아이들은 이모티콘을 많이 사용한다. 예전에 어떤 학생과 카톡으로 대화하는데 그 학생이 이유 없이 토라진 적이 있다. 문자에 마음 상할 만한 내용이 없었던 것 같아 순간 당황했다. 그런데 알고 봤더니 내가 글만 쓰고 이모티콘을 사용하지 않아 기분이 상했다는 것이다. 어른의 입장에서는 유치하다고 생각할 수 있지만 아이들은 이모티콘 사용이 매우 익숙하고 중요하다. 심지어 사춘기 아이들끼리 대화할 때 글을 쓰지 않고 이모티콘만 사용하는 경우도 있다.

자신의 눈높이에 맞는 이모티콘을 사용하면 아이들은 부모를 친근하게 느끼고, 마음 문을 열고 대화에 나설 수 있다. 이모티콘을 사용할 때도 정성과 노력이 필요하다. 뻔한 이모티콘이나 카톡에서 공짜로 제공하는 서비스 이모티콘이 아니라 아이들이 좋아할 만한 최신 이모티콘을 구입해 보내는 것도 좋은 방법이다. 우리 아이들은 최신 트렌드에 민감한데, 이모티콘에도 트렌드가 있다. 아이들이 주로 사용하고 좋아하는 이모티콘은 계속 바뀐다. 그래서 부모도 아이들의 눈높이에 맞추려는 노력을 계속 해야 한다.

카톡에는 '선물하기'도 있으니 이런 기능을 활용해 보는 것도 좋다. 공부하느라 수고하는 자녀에게 깜짝 선물을 보내면 얼마나 감동을 받겠는가! 공부에 지쳐 있는 아이에게 좋은 응원의 메시지가 될 것이다. 선물과 함께 위로와 응원 격려의 말도 보내 주라. 아이들과 잘 소통하기 위해 부모의 방식을 고집하려고 하기보다 아이들이 잘 사용하는 것들을 잘 활용하라.

## 아이들에게는 신문고가 필요하다

요즘 여러 조직에서 신문고를 시행하고 있다. 신문고는 본래 조선시대에 백성들이 억울한 일을 당하면 직접 상소를 올려 해결할 수 있도록 만든 제도였으나, 현대적 의미에 맞게 살려 국가뿐 아니라 많은 사회 조직에서 활용하고 있다.

청와대는 국민청원제도를 만들어 언제든지 국민이 대통령에게 원하는 점, 하고 싶은 말을 올릴 수 있도록 해놓았다. 이 외에도 많은 회사에서 사원이 사장에게 하고 싶은 말을 바로 올릴 수 있도록 신문고 제도를 마련해 놓고 있다. 이것이 시대적 흐름이고, 수평적 리더십의 좋은 예다.

여기서 힌트를 얻어 가정에서도 신문고 제도를 만들 수 있다. 한 달에 한 번 또는 두 달에 한 번 정기적으로 자녀들이 부모에게 하고 싶은 말, 부모에게 원하는 것, 부모가 바뀌었으면 하는 것 등을 솔직하게 터놓을 수 있는 시간을 갖는다. 물론 우리나라 문화권에서는 쉽지 않겠지만 부모들이 좀 더 열린 마음을 가지고 아이들을 존중하는 마음으로 시행해 보면 좋은 성과를 얻을 수 있다. 이것은 일종의 가족회의다. 보통 가족회의에서는 부모를 중심으로 얘기했다면, 이제는 반대로 자녀가 이야기하고 부모가 들어 주는 시간을 갖는 것이다.

먼저 가족이 모두 모일 수 있는 날을 정한다. 그리고 온 가족이 모이면 아빠는 "이제 우리 가족은 정기적으로 모여 이야기하는 시간을 가질 거야. 그런데 이 모임은 엄마 아빠가 아니라 너희가 말하는 시간이야. 너희가 말하고 싶은 것, 엄마 아빠에게 상처받은 이야기나 엄마 아빠한테 억울하게 혼난 일, 엄마 아빠가 이렇게 변했으면 좋겠다는 내용을 솔직하게 말하는 시간이야. 그럼 엄마 아빠는 너희의 얘기를 들을 거야"라고 말한다. 그러고 나서 엄마가 "엄마 아빠는 너희 이야기를 다 들어 주고, 해명이 필요하면 너희의 얘기를 다 듣고 이야기할게"라고 말한다.

정기적으로 이런 신문고 모임을 가지면 그 자체로 긍정적인 이벤트가 될 수 있다. 부모가 자녀의 소소한 이야기까지 귀기울여 들어 준다는 상징적인 의미가 될 수 있기 때문이다. 이런 모임에서 부모가 진정성 있는 태도로 경청하며 다가가면 아이들이 입을 열기 시작하고, 대화의 주도권을 갖게 될 것이다.

자녀가 둘 또는 셋이라면 협공해 부모에 대한 감정적인 원망을 쏟아낼 수도 있다. 그러나 시간이 지나면 하소연이 대화로 변해 아이들과 부모가 함께 말하는 시간이 될 것이다. 부모도 자녀에게 서운한 점, 부모로서 억울한 점, 자녀가 이렇게 바뀌면 좋겠다는 점 등을 말할 수 있게 된다. 그러면 가족 회의 시간이 자연스럽고 솔직한 대화의 시간으로 성숙해 갈 것이다.

중요한 것은 처음 어떤 일을 시작할 때 첫술에 배 부르려 하지 말라는 것이다. 한 번에 될 수가 없다. 이 이벤트를 시작했다고 해서 바로 아이들이 이야기를 잘하게 되는 것도 아니다. 한두 번 하다가 '우리 가족은 안 되는구나'라고 생각해 포기한다면 새롭게 변화될 수 있는 기회를 놓치게 된다. 그러므로 시작하기로 결정했으면 정착할 때까지 끈기를 갖고 지속해야 한다.

이때 가장 중요한 것은 엄마와 아빠의 마음이 맞아야 하고 함께 노력해야 한다는 점이다. 자녀 교육이 힘든 이유는 엄마와 아빠의 생각이 다르고 교육 철학이나 기준, 방법이 서로 다르기 때문이다. 따라서 어떤 이벤트를 시행하기 전이나 어떤 교육 방법을 활용하기 전에는 반드시 엄마 아빠가 서로 조율하는 과정이 필요하다.

이때 "어떻게 하는 것이 아이에게 유익할까?" "어떻게 하면 아이가 더 행복해질 수 있을까?"라는 식으로 아이의 입장에서 생각하며 엄마와 아빠가 먼저 소통하는 것이 중요하다. 엄마 아빠가 하나 되어 같은 에너지를 가지고 어떤 것을 시도할 때 효과가 있지, 한 사람만 열심을 낸다고 되는 일이 아니다. 부모가 서로 협력해 아이들의 속이야기, 특히 부모에게 하고 싶은 말을 온전히 들어 주는 신문고 모임을 정기적으로 갖기를 바란다. 그리고 신문고 모임을 마치면서 부모가 자녀를 위해, 자녀는 부모를 위해 사랑으로 기도해 주면 서로를 마음으로 이해하는 가정으로 점차 변화될 것이다.

# 적용하기

1. 아이의 이야기를 듣는 것을 즐거워하는 부모가 되자!

2. 상황에 맞는 구체적인 칭찬을 수시로 해서 아이를 행복하게 만드는 부모가 되자!

3. '기분 좋게, 짧게, 다양하게, 재미있게, 빠르게'라는 아이들이 좋아하는 말의 형식에 맞춰 말하는 부모가 되자!

4. 아이와의 공통 관심사를 찾고 그것으로 소통하는 친구 같은 부모가 되자!

5. 카카오톡을 이용해 아이와 눈높이를 맞추며 대화하는 지혜로운 부모가 되자!

6. 부모에게 바라는 점을 편하게 이야기할 수 있는 분위기를 만드는 쿨한 부모가 되자!

# 3장
## 사자를 오롯이 이해하다

사랑의 증거는 관심과 이해다. 사랑하면 관심을 가지게 되고, 관심을 가지면 상대방을 이해하게 되는 것이 당연하다. 부모는 자녀들을 사랑하기에 관심을 갖고 있으며, 이해하기 위해 노력하는 것이다. 이것이 바로 '눈높이 교육'이다. 눈높이 교육의 시작은 바로 예수님의 교육이다.

> 너희 안에 이 마음을 품으라 곧 그리스도 예수의 마음이니 그는 근본 하나님의 본체시나 하나님과 동등됨을 취할 것으로 여기지 아니하시고 오히려 자기를 비워 종의 형체를 가지사 사람들과 같이 되셨고 사람의 모양으로 나타나사 자기를 낮추시고 죽기까지 복종하셨으니 곧 십자가에 죽으심이라 빌 2:5-8

예수님은 우리를 너무 사랑하셔서 하늘 보좌를 버리고 종의 형체를 가진 채 이 낮고 낮은 땅으로 오시고 고난 가운데 살다가 십자가에서 죽으심으로써 우리를 죄로부터 구원해 주셨다. 완전한 하나님인 예수님이 인간이 되신 '성육신' 자체가 인간의 눈높이를 맞추신 '눈높이 교육'이다.

우리는 스스로 예수님의 제자라고 말한다. 제자는 어떤 사람인가? 스승을 따라 사는 사람이다. 다시 말하면 훌륭한 제자는 스승을 많이 닮은 제자다. 그러므로 부모는 예수님을 본받아 자녀를 뜨겁게 사랑하고 그들의 눈높이를 맞출 수 있어야 한다. 이번 장에서는 아이들을 이해하기 위해 가져야 할 세 가지 측면에 대해 알아보자.


## 지적 이해


지적 이해는 아이들이 사춘기에 어떤 지적 성장을 이루고, 지적인 부분에서 어떤 특성을 가지는지 이해하는 것이다.

사춘기 아이들의 지적 성장에 있어 가장 뚜렷한 특징은 무엇인가? 장 피아제(Jean Piaget)는 청소년기를 '형식적 조작기'라고 표현했다. 이때는 미래에 대한 관심이 폭발적으로 증가하고, 예측력도 발달한다. 자신의 지식으로 아직 알지 못하는 것을 짐작해 생각해내는 추리력이 발달하며, 미래에 대한 관심도 커진다. 사춘기 아이들이 중요하게 여기는 삶의 키워드가 '꿈, 비전, 소명, 사명'인 이유다.

사춘기 아이들이 고등학교를 졸업하고 대학이나 진로를 결정해야 하는 현실적인 이유도 원인이 되겠지만, 사실은 아이들의 지성이 성장하면서 예측력과 추리력이 발달하기 때문에 꿈에 대한 관심이 생기는 것이다. 청소년들과 상담을 하다 보면 '죽음'에 대해 생각하고 관심을 가진 아이가 많다는 사실을 알게 된다. 사춘기 아이들은 고등학교 졸업 이후의 미래, 대학 이후의 미래, 결혼 이후의 미래에 대해 관심을 가지는데 그 미래를 향해 계속 나아가면 죽음에 다다르게 된다. 그래서 죽음에 대한 관심이 생기고, 더 나아가 죽음 이후 사후 세계에 대해 관심을 갖게 된다.

### 추상에 대한 관심

사춘기 자녀들의 지적 발달에 있어 중요한 특징은 추상에 대한 관심이 생기고, 추상적으로 사고하는 능력이 커진다는 것이다. 추상이란 무엇일까? '추상'의 반대말은 '구체'다. 구체는 눈에 보이는 현실에서 지각하거나 경험할 수 있는 것들을 뜻한다. 그렇다면 추상은 눈에 보이지 않는 초현실적인 것이라고 말할 수 있다. 사춘기 자녀들이 추상에 대한 관심을 갖게 되는 대표적 예가 바로 하나님과 신앙에 대한 관심이다.

하나님과 신앙 등 형이상학적 개념은 우리 눈으로 볼 수 없는 추상이다. 아이들은 그 추상에 대해 관심을 가지게 되고, 신앙생활을 열심히 하게 된다. 실제로 성인들을 대상으로 "언제 하나님을 인격적으로 만났는가?"라고 질문하면 70퍼센트 정도가 중·고등학교 수련회 때라고 대답한다.

그렇다면 왜 사춘기 시절에 하나님을 많이 만나는 걸까? 이 때는 하나님에 대해, 신앙에 대해 큰 관심이 생기게 되어 끊임없이 하나님을 찾는다. 그러다가 수련회에서 하나님을 집중적으로 찾을 때 하나님을 인격적으로 만나는 경우가 많다.

그렇다면 어떻게 해야 하나님을 만날 수 있을까? 끊임없이 하나님을 찾아야 한다(렘 29:13). 모태신앙인 나도 고등학교 1학년 겨울방학 수련회 때 처음 하나님을 인격적으로 만났다. 중학교 3학년 때부터 하나님과 신앙에 대해 큰 관심을 가지면서 끊임없이 하나님을 찾았다. 심지어는 밥 먹을 때도 식사기도만 한 것이 아니라 "하나님! 살아계시면 제 눈앞에 나타나 보여 주세요"라는 기도를 잊지 않았다. 길을 가다가 멈추고 하늘을 멍하니 쳐다볼 때도 많았는데, 하늘에서 하나님이 나타나실까 기대하는 마음이 있었기 때문이다.

사춘기 아이들은 인간의 근원에 대해, '나'라는 존재의 시작과 끝에 대해, 만물의 시작과 끝에 대해, 즉 추상적인 내용에 관심을 가지면서 철학적 사고를 하게 된다. 심각하게 인상을 쓰고 다니면서 생각하고 또 생각하는, 부모의 관점에서 보면 '개똥 철학자' 같은 모습을 보여 주기도 한다. 그러나 깊이 생각하고 철학적·종교적으로 탐구하는 아이들에게 "아직 어린애가 무슨 생각이 그리 많니? 뭘 그렇게 많이 안다고 그래?"라는 말은 큰 상처를 줄 수 있기에 조심해야 한다.

### 의심, 물음표를 던지는 것

사춘기에 나타나는 중요한 지적 발달의 특성은 의심이 발동하면서 비판적 사고를 한다는 점이다. 의심은 물음표를 던지며 기존의 것에 대해 도전하고, 별 의심 없이 받아들였던 것을 낯선 눈으로 바라보게 한다. 다시 말해 '정'(正)이라고 생각해 왔던 것을 '반'(反)이라고 생각하며 탐구하게 된다. 이런 '의심'이 발동하면 아이들은 비판적인 사고를 할 수 있다.

매사에 비판적 사고를 하는 사춘기 아이들을 보면 "왜 이리 삐딱할까?" "왜 이리 불평과 불만이 많을까?" "감사할 줄 알아야지"라고 말하고 싶어진다. 있는 현실과 조건에 만족하지 못하고 불평과 불만이 가득하다고 여기기 때문이다. 그러나 중요한 것은 이 의심과 비판적 사고를 통해 폭발적인 지적 성장을 하게 된다는 점이다. 또한 의심은 사물에 대한 깊은 탐구와 현상에 대한 성찰을 통해 진리를 깨닫기 위한 노력, 진리로 나아가는 과정과 발전된 것을 만들려는 노력이기 때문에 긍정적 관점에서 인정해줄 필요가 있다.

신앙에 있어서도 사춘기에 '의심'이 찾아올 수 있다. 특히 모태신앙의 자녀는 거의 찾아온다고 보아야 한다. 어느 날 아이가 "나 이제 교회 가기 싫어. 하나님이 어디 계신지 모르겠어"라고 말했다고 하자. 이때 부모는 아이를 질책하면 안 된다. 아이는 지금 신앙에 물음표를 던진 것이기 때문이다. 신앙을 부정하는 것이 아니라 "지금까지 엄마 아빠에게 들어 왔던 하나님, 지금까지 가지고 있던 신앙에 대해 스스로 탐구해 보고 싶어요"라고 말하는 것이기 때문이다. 즉 하나님에 대해, 신앙에 대해 실제적인 관심이 생긴 것이다. 욥이 고난 가운데 있다가 직접 하나님을 만났을 때 "내가 주께 대하여 귀로 듣기만 하였

사오나 이제는 눈으로 주를 뵈옵나이다"(욥 42:5)라고 고백하는
것과 다르지 않다.

이때 부모는 의심이 싹튼 아이에게 차분히 신앙에 대해 이
야기해준다. 그리고 부모 자신이 만난 하나님을 소개하고, 신
앙에 대해 궁금한 것이 생기면 편히 질문하게 하고, 이에 대해
최선을 다해 대답해 주는 등 적극적인 태도로 아이가 스스로
하나님을 만날 수 있게끔 도와주어야 한다.

### "왜"라고 질문하라

지금까지 살펴본 지적 발달이 사춘기에 이루어진다는 점을
인식하고 부모는 아이들의 지적 발달을 자극하기 위한 노력을
기울일 필요가 있다. 부모는 아이가 스스로 생각하고 성찰할
수 있는 힘을 길러주어야 한다. 그러기 위해서는 매사에 "왜?"
라고 질문해야 한다. 특히 아이가 부정적 행동, 부모의 마음에
들지 않는 행동을 했을 때 더욱 "왜?"라고 질문해야 한다.

부모가 "왜 그런 행동을 했니?" "왜 그런 말을 했니?" "왜 그
런 생각을 했니?"라고 질문하면 처음에 아이는 깊이 생각하지
않거나 귀찮게 여길 수 있다. 그러나 꾸준하게 이런 질문을 던
지면 언젠가 이것에 대해 깊이 생각할 때가 온다. 부모는 어떤
것을 실천하기로 결심했다면 성과가 나타나기 전까지 꾸준히
노력해야 한다.

또한 부모는 자녀가 부정적 행동을 할 때뿐 아니라 사물과
현상, 존재에 대해 깊이 탐구하도록 지적 발달과 관련된 특징

적 내용을 가지고 "왜?"라는 질문을 던져야 한다.

"하나님이 왜 너를 이 땅에 보내셨을까?"

"너는 왜 사는 것 같아?"

"세상은 왜 생겨난 것일까?"

"우리 인간은 왜 다른 동물과 다를까?"

이런 질문은 사춘기 아이의 지적 발달에 필요한 특징적 내용과도 맞아떨어진다. 아이는 이런 질문을 받으면 실제로 고민하게 되고, 이에 대한 아이의 대답을 부모가 존중해 준다면 부모와 깊이 있는 대화도 나눌 수 있게 된다.


## 심리적 이해


심리적 이해는 아이들이 사춘기에 심적으로 어떤 성장을 이루고, 어떤 심리적 특성을 가지는지 이해하는 것이다. 사춘기 자녀의 심리를 이해하기 위해 부모는 사춘기의 심리적 과제를 알 필요가 있다. 에릭 에릭슨(Erik Erikson)은 인간의 전 생애 심리 발달 단계를 주장한 저명한 학자다. 그는 청소년기의 심리적 과제로 '자아정체성'을 주장했다. 물론 이것은 청소년기 지적 발달의 특징과도 맞물려 있다. 청소년기에는 '나는 누구인가?' '나는 무엇을 하며 어떻게 살아야 하는가?' 등 자아에 대한 관심이 높아진다. 즉 자기 자신에 대해 깊이 탐구하게 된다.

이 탐구는 선택이 아니라 과제다. 누구나 해야 한다. 청소년기에는 자신이 누구인지 깨닫고 자아정체성을 형성하는 것이 중요하다. 이를 수행하지 못했을 경우 정체성의 혼란을 겪게 된다. 자신이 누구인지 모르면 인생의 의미와 가치를 깨닫지 못하고, 자기를 소중하게 여기지 못하고, 제멋대로 살 수 있기 때문이다.

부모는 이런 심리적 부분을 이해해 주면서 아이가 건강한 자아정체성을 가지도록 격려하고, 청소년 시절 자신이 어떻게 노력했는지 예전 경험을 바탕으로 코칭해줄 수 있어야 한다. 그리고 하나님 앞에서 어떤 존재여야 하는지 신앙인으로서의 정체성을 자녀가 깨닫도록 도와주어야 한다.

### 부지런함

청소년기의 심리적 과제로 에릭슨이 제시한 '자아정체성' 외에 청소년기 전 단계인 학령기의 심리적 과제로 제시한 '근면성'도 중요하다고 생각한다. 학령기는 초등학교 시기이며 청소년기 진입 시점은 전 세계적으로 통일되어 있지 않다. 전통적으로 서구권에서는 영어에 teen이 들어가는 13(thirteen)-19세(nineteen)를 청소년으로 보지만 국가와 사회, 시대에 따라 그 연령대는 달라진다.

우리나라 아이들은 사회의 빠른 변화 속도에 영향을 받아 청소년 진입 시점이 다른 나라 청소년보다 빠르다. 초등학교 3학년만 되어도 청소년기의 특성이 나타난다. 따라서 에릭슨이 학령기의 심리적 과제로 제시한 '근면성'을 사춘기 자녀들의 심리적 과제에서 중요하게 다루어야 한다. 여기서 근면성은 '부지런함'이다.

아이들은 자신이 판단하기에 중요하다고 여기는 것에 대해서는 부지런히 하려고 한다. 우리나라 아이들은 정말 부지런히 공부하고, 뭔가를 배운다. 부지런함은 자기 자신을 위한 것이기도 하지만, 그 동기에는 칭찬받고 인정받고 싶다는 욕망이 있다. 그래서 부지런히 공부하고 운동하고 배우는 우리 아이들을 부모가 가장 먼저 인정해 주고 칭찬해 주어야 한다. 그러면 아이들의 내면에 '근면성' 덕목이 자리 잡게 된다.

에릭슨은 인정받고 칭찬받는 경험이 없으면, 즉 '근면성'이라는 심리적 과제를 성취하지 못하면 좌절감을 느끼고 내면에 무능하다는 열등감이 생기게 된다고 했다. 이를 통해 사춘기 자녀를 격려해 주고, 인정해 주고, 칭찬해 주는 것이 심리적 건강을 위해 정말 중요하다는 사실을 알 수 있다.


## 문화적 이해


문화적 이해는 아이들이 또래 집단 안에서 어떤 문화를 가지는지, 어떤 문화에 영향을 받는지 이해하는 것이다. 부모는 사춘기 아이들이 공유하는 공통된 문화를 알아야 한다. 다른 연령대의 아이들을 이해하는 데는 지적 이해, 심리적 이해가 중요하지만 사춘기 아이들을 이해하기 위해선 그들의 문화를 이해하는 것이 가장 중요하다. 그래서 아이들의 문화를 이해하는 내용을 많이 기술하려고 한다.

문화는 공유된 신념, 공유된 가치, 공유된 삶의 스타일, 공유된 철학이다. 독특한 현상 중 하나는 공동체 안에서 과반수를 넘기면 그 문화가 형성된다는 점이다. 즉 아이들은 다수가 공유하는 대세를 따라가려고 한다. 그러므로 아이들 사이에서 주로 공유하는 그 무언가, 즉 문화를 아는 것이 그들을 이해하기 위한 필수 요소다. 그렇다면 현재 우리 아이들의 문화는 어떤 것일까?

## 친구 형성

사춘기 아이들의 문화에서 정말 중요한 부분은 바로 '친구 형성'이다. 사춘기 아이들에게 친구는 부모만큼이나 중요한 존재다. 그래서 많은 아이가 친구 때문에 울고 웃는다. 아이들은 자신의 마음에 맞는 친구를 찾는데, 대부분 자신과 생각이 비슷하거나 코드가 맞을 때, 옷 입는 스타일이나 즐겨 먹는 음식, 음악적 취향이 비슷할 때, 좋아하는 게임이나 연예인이 같을 때 친구 관계가 형성된다. 그리고 그 친구들 가운데서 특히 자신과 맞는 부분이 많은 친구가 베스트 프렌드가 된다.

아이들에게 어떤 친구가 베스트 프렌드냐고 물으면 이야기를 들어 주는 친구라고 말한다. 아이들이 친구를 찾는 이유는 자신의 속이야기를 하고 싶기 때문이다. 엄마와 아빠, 선생님에게 못 하는 이야기를 친구에게는 할 수 있다.

되돌아보면 중·고등학교 때 친구가 평생 가는 것 같다. 내 베스트 프렌드는 고등학교 1학년 때 만난 친구다. 그 친구는 당시 내가 좋아했던 음식을 좋아했고, 내 이야기를 잘 들어 주고, 내 생각이 옳다고 지지해 주었다. 일하는 분야는 완전히 다르지만 지금도 종종 만나 살아가는 이야기를 나누고 밥을 같이 먹는다.

친구 문제로 힘들어 하는 아이가 많은데, 그만큼 친구 관계가 중요하기 때문이다. 그런데 부모가 별것 아니라는 식으로 이야기한다면 아이는 마음에 큰 상처를 받게 되므로 자녀가 소중히 여기는 친구 관계를 인정해 주어야 한다.

### 반항아적 기질

사춘기가 되면 반항아적 기질이 나타난다. 몸이 성장하고 어른이 되는 과정에서 생각이 많아지고, 순수한 정의감과 옳고 그름에 대한 나름의 판단력이 생기며, 모든 것들에 대한 의심이 시작된다. 그러면서 어른 세대에 대한 불만과 기존 사회질서에 대한 부정적 감정이 생겨난다. 이로 말미암아 아이의 내면으로부터 반항아적 기질이 나오게 된다. 그런데 문제는 이 반항아적 기질로 인해서 이유 없이 반항한다는 것이다.

부모들이 사춘기 아이들의 양육을 힘들어 하는 이유는 감정 기복과 이유 없는 반항 때문이다. 사실 부모들은 초등학교 시절 자녀가 엄마 아빠의 말이라면 무조건적으로 수용하고 순종하다가 청소년기에 반항아적인 모습을 보이면 당황할 수밖에 없다. 그러나 이런 반항아적 기질이 나타났을 때 '내 아이가 왜 이렇게 변했지? 내 아이가 왜 이렇게 부모를 힘들게 하는 나쁜 아이가 되었을까?'라고 판단하지 말고 지극히 당연한 일로 받아들여야 한다.

"문화는 공유하는 것이다"라고 다시 한 번 강조하고 넘어가고자 한다. 자신의 아이만 가지고 있는 문제가 아니라 아이들이 공유하는 문화라는 사실을 인지할 때 심각하게 받아들이지 않을 수 있다.

### SNS 전문가

우리 아이들은 SNS(Social Network Services) 전문가다. 온라인상에서 사람들과 만나 대화를 나누고 인적 네트워크를 형성하는 데 있어 전문가라는 뜻이다. 청소년들은 페이스북이나 트위터, 인스타그램, 틱톡, 라인 등을 사용해 온라인으로 대화하면서 인간관계를 맺고 활발하게 교류한다. 부모 세대는 카카오톡을 주로 사용하는데 비해 아이들은 다양한 SNS 채널을 통해 온라인상에서 사람들과 만나고 대화한다.

부모 세대는 핸드폰을 곁에 두고 친구들과 수시로 대화하는 아이들을 보면 '문자 보내는 데 신경 쓰다가 언제 공부하지?'라며 걱정하고 안타까워한다. 그런데 지금 아이들에게는 공부하면서도 문자 보내고, 운동하면서도 인스타그램이나 페이스북에 사진 올리는 것이 일상이다. 어른 세대는 면대면으로 만나는 것이 더 효과적인 교제이고 진정한 만남과 대화라고 여기지만, 사춘기 세대는 온라인으로 만나는 것이 직접 만나는 것보다 더 효과적이고 효율적이며 편안한 만남과 대화라고 여긴다는 것을 이해하는 노력이 필요하다.

### 멀티 플레이어 세대

나의 고등학교 시절, 어른들은 우리 세대를 가리켜 듀얼 플레이어(dual player) 세대라고 불렀다. 한 번에 두 가지 일을 하는 세대라는 뜻이다. 즉 공부하면서 이어폰 끼고 음악을 듣는다는 것이다. 그러나 요즘 아이들은 멀티 플레이어(multi player) 세대다. 한 번에 여러 가지를 한다. 공부하면서 이어폰 끼고 음악을 듣고, 핸드폰으로 카톡하고, 허리를 움직여 운동까지 한다.

아이들을 가르치다 보면 조는 아이들도 있고, 옆 사람과 속닥거리면서 딴짓을 하거나 고개를 숙이고 몰래 핸드폰을 하는 아이들도 있다. 그런데 한 아이를 지목해 선생님이 뭐라고 했는지 물어보면 다 대답한다. 정말 놀라운 아이들이다. 여러 가지를 동시에 할 수 있는 능력자가 바로 우리 자녀들이다. 우리는 지금 '빨리 빨리'를 외치는 문화 속에서 살고 있다. 이런 문화 덕분에 사회가 빠르게 변화되었고, 엄청난 발전을 이루었다. 서구 문화를 접해 본 사람이라면 우리나라의 '빨리 빨리' 문화가 가진 속도를 실감할 수 있다.

서구 사회의 문화는 '느리게 느리게'다. 처음 미국에 갔을 때 은행 계좌를 개설하는 데 세 시간이나 걸렸다. 그 상황을 지켜보는 내 속에서 불이 나는데 은행 직원은 친절하게 웃고 있었다. 미국은 기차나 버스, 비행기도 수시로 연착된다. 예전에 미국 국내선을 탄 경험이 있는데, 비행기가 네 시간이나 연착되었지만 미국 사람들의 표정은 밝고 여유가 있었다. 씩씩거리고 인상 쓰는 사람은 다 한국인이었다. 외국에 살다 보면 우리가 얼마나 '빨리 빨리' 문화에 익숙해져 살고 있는지 경험적으로 깨닫게 된다.

우리나라 사람들 가운데 '빨리 빨리' 문화에 가장 익숙한 세대가 바로 청소년 세대다. 일단 청소년 세대는 할 것이 많다. 공부해야 할 양도 많고 하루에 해야 할 과제도 너무 많다. 게다가 아직 에너지를 발산해야 할 나이여서 놀기도 하고 운동도 해야 한다. 할 게 많으니까 빨리 빨리 해야 하고, 그것에 익숙해 지면 여러 가지 일을 한꺼번에 하게 된다. 멀티 플레이어 세대는 우리나라의 사회문화와 학교문화가 만들어낸 것일지도 모른다.

## 얼리어답터 욕망

사춘기 아이들은 얼리어답터(Early Adopter) 욕망을 가지고 있다. 얼리어답터는 새로운 제품이 나오면 다른 사람들보다 먼저 그것을 소유하려고 하는 소비자군을 가리킨다. 아이들은 새로운 제품, 특히 핸드폰이 새로 나오면 최신 기기를 소유하고 싶다는 욕망을 가지고 있다. 핸드폰뿐 아니라 게임같은 아이들의 관심사도 이에 해당된다. 재미있는 게임이 출시되면 가장 먼저 해 보고, 다른 친구들보다 빨리 잘하고 싶어 하고, 그것으로 친구들한테 인정받기를 원한다.

얼리어답터 욕망은 사춘기 아이들의 문화와 심리 측면에서 분석하면 새로운 물건을 가지고 싶다는 욕망의 표현이기도 하지만 새로운 제품을 통해 친구들 사이에서 우월감을 느끼고 인정받기를 원하는 욕망도 있다. 아이들과의 경쟁에서 이겨야 한다는 학교문화도 한몫하고 있다는 생각이 든다.

그러므로 부모는 이런 얼리어답터의 욕망을 이해하려는 노력이 필요하다. 이 욕망이 지나쳐 부모를 힘들게 한다면 아이의 내면에 인정받는 것에 대한 욕망이 크다는 것을 인지하고 아이의 존재를 인정해 주는 말, 세워 주는 말, 성취에 대한 격려의 말을 해주어야 한다.

### 탈민족성

사춘기 아이들이 좋아하는 요즘 아이돌 그룹 가운데는 외국인 멤버가 많다. 텔레비전을 켜도 외국인이 나오는 프로그램이 많고, 외국인이 활동하는 우리나라 유튜브 채널도 많다. 그렇다 보니 아이들은 글로벌 시대에 살고 있다는 것을 편안하게 느끼고 인지하고 있다.

반면 민족에 대한 개념은 예전보다 약화되었다. 부모 세대는 '민족'을 강조하는 경향이 있고 '우리는 자랑스러운 한민족'이라는 문구도 익히 들어 사용하고 있다. 그러나 사춘기 아이들에게는 한민족이 무엇인지, 한민족이 지금 시대에 중요한지 등 민족에 대한 관심이 확실히 줄어들었다. 이런 상황에서 역사에 대한 관심, 국사 과목에 대한 관심도 함께 줄어들었다.

아무리 글로벌 시대를 살고 있어도 민족은 중요하다. 그래서 건전한 민족의식 함양을 위해 아이들이 우리나라 역사에 대한 교육 콘텐츠를 접할 수 있는 기회를 제공해 주면 좋겠다. 역사 만화책을 읽게 하거나, 유튜브를 통해 역사교육에 대한 재미있는 강의를 보게 하는 것도 좋은 방법이다.

### 친구 관계의 이중성

사춘기 아이들은 친구 관계를 중요하게 생각한다. 앞서 살펴본 대로 사춘기 아이들은 자기와 잘 맞는 베스트 프렌드를 찾고, 그 친구를 가족 이상으로 소중히 여기며, 삶을 공유하고 많은 시간을 함께 보낸다. 반면 자신의 마음에 맞지 않는 친구, 자신의 스타일에 맞는 않는 친구는 아주 직설적으로 표현하면 '적'으로 간주한다. 그래서 학교 안에서 왕따, 학원폭력 문제가 심심찮게 터지고 있다.

요즘 청소년이 저지른 범죄 관련 뉴스를 보면 성인 범죄처럼 잔인해서 아직 어린 아이들이 어떻게 저럴 수 있는지 한숨이 나올 정도다. 상대를 '적'으로 간주하기 때문에 그런 무서운 행동을 할 수 있는 것이다. 부모들은 자신의 자녀가 왕따나 학원폭력의 피해자가 될 수 있지만 반대로 가해자가 될 수도 있다는 객관적 시각을 가져야 한다. 그래서 부모로서 조심스럽게 아이의 친구 관계를 점검해 볼 필요가 있다. 이런 '친구 관계의 이중적 성향'은 자칫하면 다른 아이들에게 엄청난 피해와 상처를 줄 수 있으므로 부모 차원에서의 교육이 꼭 필요하다.

부모로서 사춘기 자녀들의 문화를 존중해야 하지만, 다른 아이들에게 피해를 주고 사회에 부정적인 영향을 끼치는 행위에 대해서는 교육적 개입이 반드시 필요하다. 아이와의 관계에서 부모의 기본적 자세는 당연히 공감과 이해다. 그러나 잘못된 행동에 대해서까지 공감과 이해를 하라는 말은 아니다. 부모는 잘못된 부분에 대해서는 훈육할 수 있고, 훈육해야만 하는 존재다. 잘못된 것에 대해 정확한 훈육과 교육이 이루어져야 하고, "다른 친구가 너를 미워하고 상처 주고 힘들게 하면 그 마음이 어떨지"라는 역지사지의 자세를 갖도록 반복적으로 말해 주어야 한다.

더 나아가 모든 친구와 두루 친하게 지내는 따뜻한 마음을 가진 아이, 바른 인성을 갖춘 아이가 되도록 부모가 아이의 인격적 모델이 되어야 한다. 인성교육은 부모의 모델링으로 이루어진다. 먼저 부모가 바른 인성을 가지고 인격적인 행동과 말을 해야 아이도 따르게 된다.

### 어른 지향성

사춘기 아이들은 빨리 어른이 되고 싶어 한다. 그 시절을 떠올리면 어른이 된 우리도 충분히 공감할 수 있는 내용이다. 그래서 아이들은 어른 흉내를 많이 낸다. 어른들이 하는 옷차림과 머리 스타일을 따라 하고 화장도 한다. 사춘기 아이들이 빨리 어른이 되고 싶어 하는 것은 독립된 자아로 살고 싶다는 표현이고, 이를 발달의 측면에서 보면 지극히 자연스러운 일이다.

사춘기 아이들은 자기선택권을 가지고 싶어 하지만 아이러니하게도 우리나라는 이 시기의 아이들에 대한 구속이 가장 심하다. 입시라는 현실 앞에서 우리 아이들은 주어진 공부를 해야 하고, 정해진 일상을 살아가야 한다. 공부 외에 다른 선택을 하기 어려운 사회 구조와 교육 구조를 가지고 있기 때문이다. 그래서 다른 나라 청소년들과 비교해 스트레스가 많고 행복지수가 낮다.

이런 상황을 인지하고 우리 아이들을 불쌍히 여기는 마음을 가질 필요가 있다. "사랑의 구체적 뜻은 불쌍히 여기는 마음"이라고 말한 철학자도 있다. 부부관계에서 애틋한 마음이 언제 나오는지 살펴보면 아내의 힘 없는 그림자, 남편의 처진 어깨를 봤을 때라고 한다. 열심히 아이들을 돌보다 지친 아내의 뒷모습과 직장에서 시달리다 집에 돌아와 쓰러져 있는 남편의 모습을 볼 때 불쌍히 여기는 감정이 나오는데, 이것이 진짜 사랑이다.

우리 자녀에 대해서도 불쌍히 여기는 마음을 가졌으면 좋겠다. "엄마가 해주는 밥 먹으며 공부하는 것이 얼마나 행복한 일인지 알기나 해? 이담에 어른이 되어 봐. 책임져야 할 일이 얼마나 많은데! 지금이 가장 좋을 때야. 돈 버는 게 어디 쉬운 줄 아니! 너는 공부만 하면 되잖아"라는 말은 아이들 앞에서 가급적 삼가야 한다. "아직 어린애가 뭘 안다고 그래?"라는 말도 사용하지 않기를 바란다.

## 팬덤 문화

팬덤은 스타를 열광적으로 좋아하고 따라다니는 팬 집단을 뜻한다. 아이들은 자신들이 좋아하는 연예인이나 운동선수를 따라다닌다. 팬클럽에 가입하고, 팬미팅에 가고, 콘서트장에 가고, 자신이 좋아하는 스타의 사진과 관련 기사 등을 모으고, 스타를 홍보하기 위해 SNS를 활용하고, SNS를 통해 스타의 일거수일투족을 공유한다.

팬덤 문화는 시대와 무관한 청소년 고유의 문화다. 부모 세대도 청소년 시절에 좋아했던 연예인이나 운동선수가 있을 것이다. 따라서 자신의 지난 시절을 떠올리면서 사춘기 자녀를 이해할 수 있어야 한다. 그런데 부모 세대는 시간이 흘러 자신의 지난 시절을 잊어버렸는지 아이가 청소년 시절에 자신이 했던 것을 똑같이 하고 있음에도 이해하지 못할 때가 많다. 그러므로 부모는 사춘기에 자신이 어떤 모습이었는지 회상하며 성찰해야 한다. 그 가운데 우리 아이들의 모습을 이해할 수 있는 힘이 생겨난다.

## 자유 갈망

우리 사춘기 자녀들은 자유를 갈망한다. 부모와 선생님, 학교, 사회 구조로 말미암아 자신의 자유를 박탈당했다고 느끼기 때문이다. 아이의 입장에서는 하라는 것보다 하지 말라는 것이 훨씬 더 많다. 하고 싶은 것보다 해야 한다는 것이 절대 다수를 차지한다. 상황이 이렇다 보니 아이들은 더욱 자유를 갈망한다.

어른들은 자유에 책임이 따른다는 사실을 알고 있다. 그래서 미성숙한 아이들은 모든 책임을 다 지기 어렵기 때문에 자유를 제한하는 게 옳다고 말한다. 그러나 아이들의 자유를 지나치게 제한하면 도리어 엇나갈 수 있다. 일탈은 자유에 대한 갈망이 잘못 발현된 것이다. 좋은 교육법은 부모가 떠먹여 주듯 일방적으로 뭔가 하나를 주고 그것을 하라고 강요할 것이 아니라 부모가 보았을 때 괜찮은 것 몇 가지를 선택한 뒤 아이에게 최종 결정을 내리게 하는 것이다.

예를 들어 아이를 학원에 보내려고 할 때 엄마 아빠가 관련 정보를 찾아보면 어떤 학원을 보내야겠다는 생각이 든다. 그러나 일방적으로 학원을 정해 강요하기보다 괜찮은 학원 2~3곳을 엄마 아빠가 먼저 조사하고 알아본 다음 아이에게 그중 다니고 싶은 학원을 최종적으로 선택하게 하는 것이 좋다. 그러면 부모가 먼저 선택해 검증해 볼 수 있고, 아이도 자기선택권을 가지게 된다.

비본질적인 부분에서는 아이에게 선택권을 주는 노력도 필요하다. 예를 들어 가족 회식 메뉴를 정하는 일은 완전히 비본질적인 문제다. 자녀에게 자유를 주어 메뉴를 선택하게 하고, 부모는 그 결정에 따르면 된다. 이는 부모가 아이의 의견을 존중한다는 것을 느끼게 하는 아주 중요한 요소다.

## 비밀 이야기를 하는 존재

사춘기 아이들은 비밀이 참 많다. 원래 비밀은 그 비밀을 가진 사람이 간직하고 있어야 한다. 그런데 비밀이 생기면 누군가에게 말하고 싶은 욕망도 함께 생긴다. 친한 친구한테 비밀이야기를 할 때 "이거 비밀이니까 너만 알고 있어. 나랑 가장 친한 친구니까 너한테만 말하는 거야"라고 얘기한다. 재미있는 것은 한 친구에게만 비밀을 말하지 않고 또 다른 친구한테도 같은 말을 하면서 비밀을 털어놓는다는 사실이다. 이처럼 인간은 비밀 이야기를 누군가에게 하고 싶어 한다. 그리고 비밀 이야기를 털어놓았을 때 비밀을 들은 사람은 비밀을 말해준 사람과 특별한 관계, 친밀한 상태가 된다.

이런 문화적 특성은 사춘기 아이들에게서 가장 잘 나타난다. 사춘기 아이들은 자신의 비밀을 속 시원하게 얘기할 수 있는 누군가를 원한다. 그리고 그 이야기를 들은 사람과 특별한 관계, 친밀한 관계가 되기를 원한다. 아쉬운 것은 아이들에게 이런 특성이 있음에도 부모에게는 비밀 이야기를 잘 하지 않는다는 사실이다. 반복적으로 설명하지만 부모가 아이의 이야기를 잘 들어 주지 못하기 때문이다.

어린 아이들은 부모에게 비밀 이야기를 한다. 왜일까? 부모가 공감해 주고, 수용해 주고, 자기편이 되어 주기 때문이다. 만약 사춘기 자녀가 부모에게 비밀을 털어놓는다면 그 부모는 아이와 친밀한 상태를 유지하고 있다고 생각해도 된다. 자녀가 어린 아이였을 때 했던 것처럼 비밀 이야기를 진지하게 들어 주고, 공감해 주고, 수용해 주고, 아이의 편이 되어 줘라. 해답을 말하려고 하지 말고 그저 잘 들어줘라. 그러면 부모와 자녀는 비밀 이야기를 통해 친밀한 관계를 유지할 수 있을 것이다.

### 소속감

사춘기 자녀들은 혼자 있기를 좋아하는 성향이 나타나는 동시에 어떤 집단에 소속되기를 원한다. 이 시기에는 또래 공동체가 중요하기 때문이다. 그래서 소속감에 대한 강한 열망을 가지고 있다. 이는 시대와 상관없는 청소년기의 전형적인 문화적 특성이다.

그러므로 부모는 자녀가 친구들과 몰려다닐 때 소속감을 갖고 싶어 하는 열망을 이해해 주어야 한다. 좋은 공동체에서 친구 집단을 형성해 건전한 소속감을 가지도록 도와주어야 한다. 또한 "너는 우리 가족에 소속되어 중요한 역할을 하는 귀한 존재야"라고 가족에 대한 소속감을 심어주는 것도 좋은 방법이다.

### 소유에 대한 욕심

아이들은 소유에 대한 욕심이 있다. 여름방학이 되면 나는 청소년을 대상으로 하는 수련회와 캠프에서 강의와 설교를 한다. 그때 청소년들에게 가장 많이 하는 질문이 "너희는 커서 뭐 하고 싶니?"이다. 이 질문에 아이들은 "돈 많이 벌고 싶어요"라는 대답을 가장 많이 한다. 좀 더 근원적인 인생의 목적에 대한 답을 듣고 싶어 던진 질문인데, 아이들은 돈을 벌고 싶다고 말한다.

사춘기 아이들은 부모 세대가 생각하는 것 이상으로 소유에 대한 욕심이 크다. 돈을 많이 벌고 싶다는 강한 욕망을 갖고 있다. 그 이유는 크게 두 가지다. 하나는 사춘기 아이들이 지금 돈을 못 벌고 돈이 없기 때문이다. 돈이 있으면 스마트폰도 사고, 자신이 사고 싶은 것도 사고 할 텐데 돈이 없으니 돈을 많이 벌고 싶다는 욕망이 생기는 것이다.

또 하나는 부모가 돈에 대한 이야기를 집안에서 너무 많이 하기 때문이다. 아빠는 "아, 돈 벌기 힘들다. 돈이 있어야 큰 평수로 이사하고 차도 바꿀 텐데…"라고 말하고 엄마는 수시로 한숨 쉬면서 "이번 달도 나가는 돈이 많네"라고 말한다. 그러고는 아이를 향해 "아껴 써야 해! 이번 달에 전기세와 수도세가 이렇게 많이 나왔잖아"라며 야단치듯 말한다. 집에서 자주 돈 이야기를 하면 아이들은 자연스럽게 돈에 대한 열망, 소유에 대한 욕심을 갖게 된다. 그러나 이것은 부모가 바꿀 수 있는 부분이다. 아이가 듣는 데서는 돈에 대한 부정적인 이야기를 가급적 하지 않는 것이 좋다.

## 아이들의 문화 이해하기

아이들의 문화를 이해하려면 부모는 다음에 나오는 세 단계의 노력을 해야 한다.

첫째, 아이들이 무엇을 좋아할지 끊임없이 생각하고, 아이들의 문화를 존중하고 수용하기 위해 노력해야 한다. 둘째, 아이들의 문화를 해석하기 위해 공부해야 한다. 셋째, 아이들의 문화를 변혁하기 위한 시도를 감행해야 한다. 즉 문화수용자, 문화해석자, 문화변혁자로 나아가기 위해 세 단계를 밟아 가는 노력을 해야 한다.

앞서 언급한 아이들의 '팬덤 문화'를 예로 들어 보겠다. 간식을 들고 아이 방에 들어갔더니 아이가 이어폰을 낀 채 공부하고 있다. 궁금한 엄마는 "너 무슨 음악 들어?"라고 묻는다. 아이는 "아이돌 그룹 노래 들어요. 제가 아이돌 팬인 것 아시잖아요"라고 대답한다. 그러자 엄마는 "그래? 텔레비전에서 네가 듣는 노래를 잠깐 들은 적이 있는데 좋더라. 안무도 멋졌어. 엄마도 유튜브로 그 노래 다시 들어 볼게"라고 말한다. 그러고 나서 유튜브로 아이돌 음악을 들으면서 가사 한 구절을 외워 두었다가 "노래도 좋고, 멤버 모두 멋있더라. 엄마도 'xxx'를 들었는데, '나는 너를 사랑해. 이 세상 최고인 너를 사랑해'라는 가사가 특히 좋았어. 어때? 가사 잘 외웠지?"라고 말한다.

여기까지가 '문화수용자'로서 역할이다. 물론 엄마는 아이가 좋아하는 아이돌의 노래를 선호하지 않을 수도 있다. 그러나 아이가 좋아하는 것을 같이 좋아하고 존중하려고 노력하는 태도가 중요하다.

그다음에는 아이가 왜 그 아이돌에 열광하는지를 분석한다. 아이돌 음악의 장르 때문에 좋아하는 것인지, 가사 때문에 좋아하는 것인지, 멤버들의 옷 스타일이 멋있어서 좋아하는 것인지, 뮤직비디오의 영상이 세련되어 좋아하는 것인지를 분석하고 해석하는 것이다. 이 부분이 바로 '문화해석자'로서의 역할이다. 아이들이 좋아하는 가수의 노래 가사가 긍정적이고 희망을 준다면 부모는 문화수용자, 문화해석자의 역할까지만 하면 된다.

그런데 아이들의 문화에서 문제가 될 만한 부분, 예를 들면 폭력적이고 선정적이고 청소년에게 좋지 않은 영향을 줄 수 있는 부분을 발견했다면 부모는 '문화변혁자'의 역할을 감당해야 한다. 만약 아이가 어느 래퍼를 좋아하는데, 그 래퍼가 하는 랩의 가사가 너무 선정적이고 폭력적이라면 좋아하는 장르 자체는 존중해 주되 좀 더 긍정적이고 청소년들이 삶에 대해 진지하게 생각해 볼 수 있는 내용을 담은 래퍼의 음악을 듣도록 권할 수 있어야 한다.

여기서 문화를 변혁한다는 구체적 의미는 아이들이 공유하는 문화의 형식(예: 랩이라는 음악의 장르) 안에 좋은 내용(예: 긍정적이고 자신을 성찰할 수 있는 랩의 가사)을 넣어주는 것이다. 좀 더 독창적인 방법으로는 랩을 좋아하지만 신앙에 관심이 없는 아이에게 성경 말씀(예: 창세기 12장, 출애굽기 15장, 다니엘 6장 등)을 가지고 랩 가사를 쓰게 하거나 신앙과 윤리의 주제(사랑, 용서, 정의, 평등 등)를 가지고 랩 가사를 쓰게 한다면 좋은 문화변혁의 예가 될 수 있다.

제자들 가운데 랩을 정말 좋아해서 시간이 날 때마다 큰 헤드폰을 쓰고 랩 음악만 듣는 사춘기 아이가 있었는데, 교회에 와서도 헤드폰을 쓴 채 예배를 제대로 드리지 않았다. 그래서 그 아이를 변화시키기 위해 먼저 그 아이의 문화를 인정해 주고, 따로 불러 성경 말씀으로 랩을 만들어 달라고 부탁했다. 그랬더니 기막힌 랩 가사를 만들어 왔다. 나는 예배의 봉헌 시간에 그 아이가 만든 랩으로 특송을 하게 했는데 너무 잘해서 선·후배, 친구, 교사 모두 열광했다. 그 후로 그 아이는 랩 가사를 쓰기 위해 성경을 열심히 읽고, 예배도 잘 드리게 되었다.

아이들이 속한 문화를 이해하지 않고는 그들을 이해할 수 없다. 그러므로 부모는 문화수용자, 문화해석자, 문화변혁자의 과정을 거치면서 아이들의 문화를 이해하기 위한 노력을 시도해야 한다.

適용하기

1. 아이의 생각을 무시하지 말고 존중하는 부모가 되자!

2. 아이가 자신의 인생에 대해 생각하고 탐구하는 시간을 가질 때 방해하지 말고 격려하는 부모가 되자!

3. 의심이 발동해 비판적인 사고를 하는 아이를 긍정적으로 수용하는 부모가 되자!

4. 아이가 부정적인 행동, 부모의 마음에 들지 않는 행동을 했을 때 "왜"라는 질문을 하고 그에 대해 생각해 보는 기회를 제공하는 지혜로운 부모가 되자!

5. 아이가 자신의 자아정체성을 찾도록 격려하고 아이의 이야기를 잘 들어 주는 부모가 되자!

6. 열심히 공부하고 운동하고 배우는 아이들을 인정해 주고 칭찬하고 격려하는 부모가 되자!

7. 아이들의 다양한 문화에 관심을 가지고, 그들의 문화를 이해하기 위해 노력하는 부모가 되자!

8. 문화수용자, 문화해석자, 문화변혁자의 역할을 감당하는 문화 전문가 부모가 되자!

2부

부모,
멘토가 되어라

# 4장
## 사자에게 진로 멘토링을 하다

　사춘기 아이들이 가장 많이 고민하는 주제는 바로 '진로'다. 우리 사회에서는 대학에서 어떤 과를 선택하느냐 하는 것이 곧 진로를 결정하는 것이라 여긴다. 그러다 보니 아이들의 진로에 대한 고민이 중·고등학교 때 깊어진다. 우리 아이들이 힘들어 하는 부분이 하나 더 있다. 바로 진지하게 자신의 이야기를 들어 주고 친절하게 멘토링을 해줄 사람이 주변에 없다는 사실이다. 그래서 진로에 대한 고민을 또래 친구들에게 털어놓는다.

　학교에서 진로 멘토링을 해주면 좋겠지만, 학교는 한 학생을 전문적으로 멘토링을 해주기 어려운 구조일 뿐 아니라 입시 위주로 돌아가다 보니 성적 중심의 진로 지도가 될 수밖에 없어 한계가 있다. 공부를 잘하지 못하는 학생이 "의대에 진학하고 싶습니다"라고 자신의 진로를 밝히면 교사는 성적을 언급하며 "의대 진학은 힘들 것 같으니 다른 과를 생각해 보자"라고 말할 수밖에 없다. 참으로 안타까운 현실이다!

　사람마다 하고 싶은 일이 있음에도 성적에 맞춰 진로를 정해야 하는 아이들이 불쌍하기까지 하다. 물론 현실을 부정할 수 없다. 그러나 성적 외에 아이의 여러 가지 면을 고려해 진로를 찾는 데 도움을 주고, 아직 진로를 찾지 못한 아이가 있으면 그의 적성에 맞는 진로를 찾아주기 위한 진로 탐색의 기회를 제공하는 체계적인 진로 멘토링이 이루어져야 한다. 그래야 아이들이 좀 더 행복하게, 건강하게, 적극적으로 자신의 미래를 개척해 나갈 수 있다.

성적에 따른 진로 지도는 학교에서 해주고 있으니 가정에서는 부모가 성적 외에 다른 면을 고려한 진로 멘토링, 진로를 탐색하는 기회를 주는 진로 멘토링을 하면 좋지 않을까? 사실 아이에 대해 가장 잘 아는 사람은 아이 자신을 제외하면 부모다. 교사는 그다음이다. 부모는 아이가 자신의 모습을 가지고 있기 때문에 아이들을 이해하기가 쉽다. 진로 멘토링을 하는 데 있어 부모는 청소년기에 자신이 가졌던 꿈, 나아가고 싶었던 삶의 방향, 자신이 가진 재능 등을 생각해 보면 아이가 무엇을 원하는지 알 수 있다. 이런 점을 고려할 때 진로 멘토링은 부모가 하는 것이 맞다.

이 장에서는 나름의 경험을 통해 찾은 진로 노하우를 바탕으로 멘토링의 팁을 제공하고자 한다. 지난 20년 동안 청소년들과 만나 이야기를 들어 주었고, 진로와 관련해 많은 강의를 했고, 청소년들의 진로를 찾아주기 위해 열심히 뛰어다녔다. 그리고 지금 일하는 대학교에서도 학부 학생 전체의 진로 상담과 진로 멘토링을 담당하고 있다. 나는 학생들에게 진로를 찾아주는 것을 사명으로 알고 있다. 뭘 해야 할지 모르는 학생들에게 도움을 주는 것이 얼마나 행복한지 모른다. 부모로서 자녀에게 좋은 진로 멘토가 되어 줄 수 있다면 그것만큼 행복하고 보람된 일도 없을 것이다.

이때 주의사항이 있다. 바로 '객관적'이 되어야 한다는 점이다. 부모가 아이들의 진로 멘토가 되었을 때 장점은 아이를 가장 잘 안다는 것이고, 단점은 아이를 객관적으로 보기가 어렵다는 점이다. "내 아이니까 내가 잘 안다"는 식으로 아이들에게 훈수를 두거나 조언하는 투로 말하면 멘토링이 되지 않는다. 앞서 언급했지만 멘토링은 아이와 부모가 협력하여 학습하는 과정이다. 함께 주거니 받거니 하면서 협동하는 대화 과정이다. 이때 "아빠가 널 잘 아는데…"라는 말은 아이가 자신의 이야기를 할 수 없게 막는다. 부모는 무엇보다 아이의 이야기를 잘 들어 주고, 자녀를 객관화시킬 수 있어야 한다.

또 하나 자녀에게 진로 멘토링을 할 때 주의사항은 부모의 못 이룬 꿈을 아이에게 주입하거나, 사회적으로 인정받는 전문직이라고 무조건 강요해선 안 된다는 점이다. 여러 기관의 요청을 받아 어떻게 하면 효과적으로 진로 멘토링을 할 수 있는지에 대한 강의도 진행하고 있는데, 부모들이 인정하기 싫어도 인정해야 하는 부분이 바로 이것이다. 부모들은 무의식적으로 자녀에게 자신의 못 이룬 꿈을 주입시킨다. 즉 부모가 원하는 방향으로 진로를 유도할 수 있다. 이때 자녀에게 추천하는 진로는 대부분 사회적으로 인정받는 전문직이라는 점이다.

부모가 이런 점에 대해 주의하거나 인지하지 않고 진로 이야기를 나누면 전혀 도움을 줄 수 없을뿐더러 진로 멘토링을 한답시고 섣불리 도전했다가 아이와 갈등만 깊어지고 싸움으로 끝날 수도 있다. 아이에게는 자신이 원하는 것, 하고 싶은 것이 있다. 자녀의 멘토가 되어 이 부분을 들어 주고 인정해 주겠다는 마음 자세와 실천 없이는 진로 멘토링을 할 수 없음을 반드시 기억하길 바란다.

그러면 진로에 대한 이야기를 나눌 때 어떻게 아이들에게 멘토링할 수 있는지 살펴보자.

## '내'가 누구인지 생각하게 하라!

진로에 대해 이야기할 때 "너 뭐 할래?" "너 뭐 하고 싶어?" 라는 질문부터 던지고 답을 들으려고 한다. 그러나 더 근원적인 질문이 있다. "너는 누구인데?"라는 정체성에 대한 질문이다. 아이 스스로 자신의 정체성에 대해 생각하게 만드는 질문을 해야 한다. "나는 누구지?" "나는 왜 이 세상에 태어났을까?" "나는 왜 살고 있을까?" "나는 무엇을 위해 살고 있으며 어떻게 살아야 할까?" 이는 인생의 방향을 묻는 질문이다. 진로 멘토링을 할 때 중요하면서 가장 먼저 해야 하는 일은 큰 방향을 찾는 것이다. 여행을 갈 때 어느 지역으로 갈지 먼저 방향을 잡고, 그 지역에 가서 어디를 갈지 세부적인 계획을 세우는 것과 같다.

## 정체성 찾기

자기 정체성을 찾는 데 있어 가장 중요한 과제는 바로 인생의 목적 찾기다. 앞서 언급한 근원적 질문은 전부 인생의 목적을 찾기 위한 것이다.

청소년에게 진로 강의를 할 때 가장 먼저 "인생의 목적이 무엇이니?"라는 조금 어려운 질문을 던진다. 그러면 청소년의 절반 이상이 "몰라요"라고 답한다. 그 대답을 들으면 마음이 아프다. 사실 "몰라요"는 솔직한 답인 동시에 우리 아이들의 현재 상태를 말해준다. 아침에 눈을 뜨면 학교 가서 수업을 듣고, 수업을 마친 뒤 집에 돌아오면 학원에 가고, 학원 끝나고 집에 오면 마무리 공부를 하고 잠자리에 든다. 매일 이런 생활을 다람쥐 쳇바퀴 돌듯 반복한다. 왜 공부해야 하는지, 왜 학교에 가야 하는지, 왜 살고 있는지 생각할 여유조차 주지 않는다. 그러니 인생의 목적을 물으면 "모른다"고 답할 수밖에 없다.

또 많이 나오는 대답이 "행복하게 사는 거예요"다. 이는 다행히 긍정적인 대답일 수 있다. 사실 모든 인간이 가진 인생의 목적은 바로 행복하게 사는 것이다! 사람마다 생각하는 행복의 기준과 내용은 달라도 우리 모두는 행복하게 살기를 원한다. 그런데 "행복하게 사는 거예요"라고 말한 학생에게 "그럼 어떻게 해야 행복하게 살 수 있을까?"라고 물으면 대부분 "좋은 대학에 가야 해요" "돈 많이 벌어야 해요"라고 답한다. 학생의 입장에서는 그럴 수도 있지만 어른이 된 우리에게도 이것이 맞는 답일까? 좋은 대학교를 나오면 행복한가? 돈을 많이 벌면 행복한가?

내 인생에서 행복한 순간을 꼽으라면 박사학위를 받았을 때를 이야기할 것이다. 박사 과정을 밟은 곳은 내가 전공한 분야의 명문 학교였다. 그런 학교에서 박사 코스 전 과정 만점, 최단 기간 논문 통과를 한 학생이라는 타이틀을 달고 졸업했다. 그렇다면 세상을 다 가진 것처럼 행복해야 되지 않겠는가? 물론 처음에는 정말 행복했고, 졸업식은 내 인생에서 최고로 행복한 순간 중 하나였다. 그러나 그 행복은 오래가지 못했다. 한 달이 지나자 허무함이 찾아오고 미래에 대한 고민은 더욱 커졌다. 이것이 인생이다.

돈이 많다고 행복하지 않다. 오히려 불행한 경우가 얼마나 많은가! 돈이 많다고 행복이 보장되는 건 아니다. 행복은 하나님 안에서 발견한 자기가 하고 싶은 일, 의미 있고 가치 있다고 생각되는 일 자체를 즐길 때 주어진다. 그러므로 부모는 자녀가 행복한 인생을 살도록 소유 중심의 행복이 아니라 아이 존재 자체에 초점을 맞춘 행복을 찾게 도와주어야 한다.

### 비전 찾기

청소년이 많이 쓰는 단어가 바로 '비전'이다. 비전은 원래 라틴어로 '보다'라는 뜻을 가진다. '나'라는 존재 자체에 초점을 맞춰 자기 인생을 바라보는 관점을 '인생관', 자신이 세상을 향해 바라보는 관점을 '세계관'이라고 한다. 사람은 보는 것이 중요하다. 무엇을 보느냐가 그 인생을 결정한다고 말해도 과언이 아니다. 개개인뿐 아니라 회사를 비롯한 조직도 마찬가지다. 회사가 무엇을 보고 가느냐 하는 것이 그 회사의 미래를 결정한다.

'비전'은 바로 '목적'이다. 인생에서 무엇을 주목하고 있는지, 세상을 어떤 관점에서 보는지가 바로 삶의 목적이다. 아이들이 소유의 프리즘에서 벗어나 하나님 안에서 자기 자신을 소중히 여기는 존재의 프리즘으로 보면서 진로를 찾았으면 좋겠다. 성적 위주로 진로를 결정한다면 그건 소유의 프리즘으로 보는 것이다. 자신의 성적이 어느 정도인가 하는 것만 놓고 진로를 결정한다면 진정으로 행복한 삶을 살 수 없다.

부모는 아이 자체를 소중히 여기고 성경 안에서 하나님이 말씀하시는 삶의 목적, 즉 비전을 깨닫게 도와줘야 한다. 그리고 그 비전을 구체화시키기 위해 아이가 원하고 잘할 수 있는 일을 찾도록 격려하고 하나님이 기뻐하시는 가치 있고 의미 있는 아름다운 삶, 진정 행복한 삶을 살도록 도와주어야 한다.

그렇다면 구체적으로 부모뿐 아니라 우리 자녀들이 깨달아야 하는 삶의 목적은 무엇인가? 그 답은 바로 하나님을 기쁘시게 하는 것이다.

> 그러나 너희는 택하신 족속이요 왕 같은 제사장들이요 거룩한 나라요 그의 소유가 된 백성이니 이는 너희를 어두운 데서 불러내어 그의 기이한 빛에 들어가게 하신 이의 아름다운 덕을 선포하게 하려 하심이라 벧전 2:9

개인적으로 가장 좋아하는 말씀이고, 자주 부르는 축복송의 가사가 되는 구절이기도 하다. 이 구절의 앞부분은 우리의 정체성에 대해 알려준다. 우리의 정체성은 무엇인가? 우리는 택하신 하나님의 족속이다. 족속은 '혈통'이나 '핏줄'로 바꿔 말할 수 있다. 우리는 하나님의 핏줄이다. 하나님은 우리의 아버지 되시고 우리는 하나님의 자녀다. 그리고 우리는 왕 같은 제사장이다. 성경 시대에 가장 존귀했던 존재가 왕이고 제사장이다. 왕은 정치적 지도자이고, 제사장은 종교적 지도자다. 하나님은 우리가 왕처럼 귀한 존재라고 말씀해 주신다.

그리고 우리는 거룩한 나라다. '나라'에 대한 신학적 해석이 몇 가지 있는데, 하나님이 얼마나 우리의 가치를 높여 주시는지에 대한 부분을 주목해 말하고자 한다. 하나님은 대한민국, 영국, 미국 등 거대한 개념이 아니라 우리처럼 작은 개인이 '나라'라고 말씀해 주신다. 얼마나 감사하고 황송한 일인가! 그리고 우리는 하나님의 소유가 된 백성이다. 다시 말하면 우리는 하나님의 것이다. 예수님을 믿음으로 말미암아 하나님의 자녀가 된 우리는 이렇게 중요한 존재다.

우리 자녀들 가운데 열등감에 빠져 지내는 아이가 많다. 열등감은 다른 사람과 비교하고 평가해 자신이 못났다고 느끼면서 생기는 감정이다. 세상이 아이들을 끊임없이 비교하고 평가하기 때문에 열등감 속에서 살아가게 되는 것이다. 이것은 세상의 속삭임이다. 우리 자녀들은 그 유혹에 넘어가지 말아야 하고, 하나님이 자신을 어떤 존재로 여기시는지 붙들고 살아야 한다. 하나님은 우리와 우리의 자녀를 가장 귀한 존재로 세워 주셨다.

이 구절의 뒷부분은 왜 우리를 하나님의 택함 받은 자녀, 왕 같은 제사장, 거룩한 나라, 그분의 소유로 만드셨는지에 대한 내용이 나온다. 즉 우리가 귀한 존재로서 어떻게 살아야 하는지 삶의 목적을 말씀하신다. 하나님이 우리를 소중한 존재로 만드신 것은 우리 자신 때문이 아니라 우리를 구원하신 하나님 때문이다. 우리를 어두운 죄 가운데서 불러내어 놀라운 복음의 빛 안으로 들어오게 하신 하나님의 은혜를 믿지 않는 사람들에게 선포하라는 것이다. 즉 하나님을 기쁘시게 하라는 것이다. 이것이 우리가 붙잡아야 하는, 우리 자녀들이 깨달아야 하는 삶의 목적이며 비전이다.

비전에 대한 분명한 인식을 가졌다면 그다음으로 아이들이 찾아야 하는 것은 '사명'이다. 여기서 정의한 사명은 바로 '비전의 구체화'다. 사명은 하나님을 기쁘시게 하는 인생의 목적과 비전을 우리 삶에서 구체적으로 이루어내기 위한 삶의 모습, 삶의 과제다. 인생의 목적, 즉 방향성을 잡았으면 그다음은 그 목적을 구현하기 위한 구체적인 삶의 과제를 찾아야 한다. 어느 지역으로 갈 것인지 큰 방향을 잡고, 그 지역 내에서 어느 장소를 목적지로 잡고 갈지를 결정해야 한다. 구체적인 장소를 정하는 과정이 바로 사명을 찾는 것이다. 우리 삶에서 직업과 전문성을 통해 이루어야 할 구체적인 삶의 과제, 삶의 모습이 사명이다.

진로 멘토링을 정리해 보면 우리 자녀가 하나님을 기쁘시게 하는 것이 인생의 목적, 즉 비전임을 전인격적으로 깨닫고 그 비전을 직업과 전문성을 통해 구체적으로 삶에서 구현해 내는 사명을 발견하도록 아이의 눈높이에서 돕는 것이다.

## 자신의 재능을 발견하게 해주라

아이들은 모두 자신만의 재능을 가지고 있다. 사람마다 가진 재능이 다 다르다. 우리가 재능을 가지고 태어난 것은 그 재능을 통해 세상을 살라는 뜻이다. 성적 위주의 사회가 되다 보니 진로 지도에서도 재능이 무시되고 있는 점이 안타깝다. 그러나 아이의 인생 전체를 놓고 보았을 때 재능을 고려하지 않고 진로 지도를 하면 불행한 일이 생긴다.

성적이 나빠서 자신이 원하는 학과에 진학하지 못했다면 대학에 가서 계속 방황하게 된다. 반대로 성적이 아주 좋아서 부모와 교사가 적극적으로 밀어붙여 자신이 원하는 학과가 아니라 성적이 좋아야 갈 수 있는 의학대학에 갔다면 그 아이 역시 행복하지 않을 것이다. 그리고 의사가 되어서도 돈 버는 목적으로 일할 뿐 일의 보람과 의미, 가치를 찾지 못한다. 실제로 좋은 대학교의 의학대학을 나오고 의사까지 되었는데 행복하지 않아서 용감하게 "내 인생을 찾자"고 선언한 뒤 다른 일을 하는 사람이 있다. 부모는 이런 시행착오를 거듭하지 않도록 자녀의 재능을 고려한 진로 멘토링을 해야 한다.

## 다중지능의 여덟 가지 영역

　재능의 영역에 대해 알아보자. 재능의 영역에 대해 좋은 정보를 제공해 주는 이론은 바로 하버드대학교 교육학과 교수인 하워드 가드너(Howard Gardner)의 '다중지능이론'이다. 다중지능이론에 따르면 우리의 뇌 안에는 여러 지능의 영역이 있다. 내가 중·고등학교에 다닐 때만 해도 무조건 아이큐 검사를 받고, 그 결과를 학생생활기록부에 기록하는 등 아이큐 점수를 맹신했다. 그러나 지금은 지능의 다양성을 연구한 학자들을 통해 아이큐의 시대가 끝이 났다. 사실 아이큐 검사는 언어를 잘하고, 수학을 잘하는 아이들이 좋은 점수를 받게 되어 있다. 그런데 우리의 뇌 안에는 언어, 수학 외에 다양한 지력이 있어서 언어와 수학만 잘한다고 지력이 높다고 판단할 수 없다. 우리 뇌 안에 여러 지능의 영역에서 재능이 발현되어 나오는 것이기 때문이다.

　하워드 가드너가 제시한 지능의 영역은 총 여덟 가지다. 이 지능은 언어 지능, 논리수학 지능, 공간 지능, 음악 지능, 신체운동 지능, 대인관계 지능(인간친화 지능), 자기성찰 지능(자기이해 지능), 자연친화 지능이다.

　언어 지능은 말하고 듣고 읽고 쓰는 능력으로 어휘력과 관련이 있다. 다양한 단어를 사용하고 또래 집단보다 레벨이 높은 단어를 구사하는 경우 언어 지능이 높다고 할 수 있다.

논리수학 지능은 수학의 논리적 규칙을 유추해낼 수 있다. 예를 들어 2, 4, 6, 8 다음은 10이다. 이때는 논리수학 지능이 작동한 것이다.

공간 지능은 공간 안에 사물을 배치할 때 최적의 구조를 찾아내는 능력이다. 그래서 공간 지능은 미술과 밀접한 관련이 있다. 캔버스 위에 사물을 그리려고 하는데 어떻게 배치해야 최적의 구조가 될 수 있는지 계산해 그리는 것이다. 디자인도 마찬가지다. 흰 도화지 위에 사물을 그릴 때 어떻게 그려야 균형감 있고 최적의 배치가 될 수 있는지를 계산해 디자인한다.

주차를 잘하는 사람은 공간 지능이 확률적으로 높다. 공간 지능이 높은 운전자는 앞차와 뒤차 사이 공간에 주차할 때 완벽하게 들어가도록 계산할 수 있다. 수시로 가구 배치를 해야 직성이 풀리는 사람도 공간 지능이 확률적으로 높다. 어떻게 가구를 배치해야 최적의 공간 상태가 될지 잘 측정한다.

다음으로 음악 지능은 악보에 맞게 연주할 수 있는 능력이다. 그래서 음악 지능이 높은 사람은 하나의 악기만 연주하는 것이 아니라 다양한 악기를 연주할 수 있다. 프로 연주자들을 보면 건반을 연주하는 사람이 일렉기타도 연주하고, 드럼도 연주하는 것을 볼 수 있다. 음악 재능이 뛰어난 사람은 어떤 악기를 배울 때 다른 사람보다 훨씬 빨리 배우고 잘한다.

신체운동 지능은 지구력, 유연성과 관련된 운동 능력이다. 유연한 동작을 하고 그 동작을 지속할 수 있는 능력을 가졌는데, 예를 들어 발레나 요가를 잘하는 사람은 신체운동 지능이 높다고 할 수 있다.

대인관계 지능(인간친화 지능)은 인간관계를 잘 맺는 능력이다. 이런 사람들은 다른 사람과 금방 친해지고 사람을 좋아한다. 대인관계 지능이 높은 사람 주변에는 따르는 사람도, 친구도 많다. 리더들 가운데 이 지능이 높은 사람이 많다. 대인관계 지능이 높은지 안 높은지는 어떻게 쉬는지를 보면 알 수 있다. 쉬는 날에 친구들과 어울려 놀아야 쉬는 것 같다고 느끼는 사람은 대인관계 지능이 확률적으로 높다.

자기성찰 지능(자기이해 지능)은 자기 자신이 누군지 생각하고, 자기 자신의 부족함을 돌아보는 능력이다. 자신이 실수한 것은 무엇인지, 어떻게 해야 자신을 더 발전시킬 수 있는지 끊임없이 고민하게 하는 지능이다. 그래서 자기성찰 지능이 높은 사람은 생각이 많다. 항상 자신의 부족함을 체크하다 보니 주변 사람들로부터 "착하다"라는 칭찬을 많이 듣는다.

마지막으로 자연친화 지능은 자연을 사랑하고 자연에 대해 긍휼한 마음을 가지는 능력이다. 자연친화 지능이 높은 사람은 길을 가다가 쓰러진 고양이를 보면 그냥 지나치지 못한다. 길을 지나다가 개를 보면 쓰다듬어 주고, 시든 식물을 보면 그냥 지나치지 못하고 물을 준다.

이 여덟 가지 지능의 영역에서 재능이 나오기 때문에 이를 '재능'으로 표현해도 된다. 부모는 자녀가 여덟 가지 재능 가운데 어떤 것을 많이 가지고 있는지 세 가지를 찾아줘야 한다. 사실 우리는 여덟 가지 재능을 모두 가지고 있는데, 그 정도에 차이가 날 뿐이다. 그러므로 자녀의 여덟 가지 재능을 나열해 보고 어떤 재능을 많이 가지고 있는지 체크해야 한다. 부모는 아이에 대해 가장 잘 알고 있기 때문에 상위 세 가지 재능을 금세 알아챌 수 있다.

### 상위 세 가지 재능

진로 멘토링을 할 때 "나는 특별한 재능이 없어요"라고 말하는 아이가 많은데 이런 말을 들으면 가슴이 아프다. 아이들이 이렇게 말하는 것은 정말 재능이 없는 것이 아니라 자신이 가진 재능에 대해 칭찬을 받아 본 적이 없기 때문이다. 그리고 다른 아이들과 비교 평가를 당했기 때문이다. 솔직히 비교 평가를 하면 재능 있는 사람을 찾기 어렵다. 스스로 피아노를 잘 친다고 생각했는데 반에서 피아노를 더 잘 치는 친구가 있으면 우리 아이의 음악 재능은 비교 평가의 기준에서 없는 것이 되고 만다. 말 잘하는 언어 재능을 가지고 있다고 생각했는데 말을 더 잘 하고 유머러스하게 말하는 친구가 있으면 비교 평가의 기준에서 우리 아이의 언어 재능은 없는 것이 되고 만다.

부모는 먼저 비교 평가의 기준으로 아이의 재능을 평가하려는 잘못된 습관을 버리고, 자녀가 이런 관점에서 벗어나 자신의 재능을 절대 평가의 기준으로 체크하도록 이끌어야 한다. 아이는 여덟 가지 재능을 모두 가지고 있는데, 그중 높은 상위 세 가지 재능이 무엇인지 찾아야 한다. 계속 강조하지만 멘토링은 협동 학습이다. 아이가 자신이 가진 상위 세 가지 재능을 선택했는데, 부모가 아이의 이런 판단을 무시하고 아니라고 우겨서는 안 된다. 부모가 일방적으로 "네가 가진 상위 세 가지 재능은 이것, 이것, 이것이야"라고 주입해서도 안 된다. 아이를 격려하면서 상위 세 가지 재능을 찾게 하고, 부모가 찾은 재능과 비교하면서 대화를 통해 세 가지 재능을 확인해야 한다. 상위 세 가지 재능을 확인했으면 아이가 가진 재능을 격려하고 응원하고 칭찬해 주어야 한다.

그다음에는 아이와 함께 상위 세 가지 지능(재능)과 직업 특성이 맞아떨어지고, 이들 지능(재능)을 활용해 일하는 직업군이나 직업들을 찾아 본다. 중요한 것은 직업 하나가 아니라 직업군이다. 구체적으로 직업을 제시하고 싶다면 적어도 다섯 가지를 찾아야 한다. 한 가지만 찾으면 위험하다. 앞서 언급했지만 직업을 제시할 때 부모들이 빠지기 쉬운 오류는 아이가 어떤 것을 했으면 좋겠다는 자신들의 바람이 들어갈 수 있고, 사회적으로 인정받는 전문직을 제시할 수 있다. 하나의 직업만 찾을 경우 아이의 입장에서도 좋지 않다. 선택한 그 직업이 자신의 진로로 규정되어 준비 과정에서 현실적 어려움이 생겼을 때 포기할 수도 있고, 더 큰 좌절을 경험할 수 있기 때문이다.

알고 지내는 후배가 그랬다. 그 후배는 고등학교 시절 진로와 관련한 검사를 했는데, 적합한 직업으로 '의사'가 나왔다. 그래서 의사를 자신의 진로로 정한 뒤 의대에 진학하기 위해 열심히 공부했지만 안타깝게도 의대에 진학할 수 있는 성적이 나오지 않았다. 후배는 포기하지 않고 재수, 삼수, 사수까지 했음에도 결과가 좋지 못했다. 결국 의대 진학을 포기하고 다른 과에 진학했다. 이처럼 자녀가 하나의 직업에 얽매여 미래를 규정하지 않도록 직업군이나 여러 직업을 제시해야 한다.

## 재능과 관련된 직업을 선택하게 도와주라

상위 세 가지 지능(재능)과 관련되는 직업을 택하는 것에 대해 연구해 검증하고 이론화한 것은 〈EBS 다큐프라임〉이다. 이 프로그램에서는 샘플 네 가지를 선정해 연구했다.

샘플 가운데 성공한 의사의 지능을 조사해 보니 논리수학 지능, 자연친화 지능, 자기성찰 지능이 상위를 차지하고 있었다. 의학은 이과이므로 수리논리 지능, 의사는 환자에 대한 긍휼함이 있어야 하기에 자연친화 지능, 자신이 제대로 수술한 것인지 성찰해야 하기에 자기성찰 지능이 필요하다.

성공한 디자이너의 지능을 조사해 보니 공간 지능, 언어 지능, 자기성찰 지능이 높게 나왔다. 디자인은 백지 공간에 사물을 그리고 배치할 줄 아는 공간 지능, 자신이 디자인한 것을 잘 설명하기 위한 언어 지능, 자신의 디자인에 문제가 없는지 성찰하는 자기성찰 지능이 중요하다.

성공한 어떤 발레리나는 신체운동 지능, 대인관계 지능, 자기성찰 지능이 높게 나왔다. 발레는 유연성과 지구력이 필요한 운동이므로 신체운동 지능이 필요하고, 대중 앞에 서야 하기 때문에 대인관계 지능이 필요하고, 공연하고 나서 실수한 것이 없는지 성찰해야 하기에 자기성찰 지능이 필요하다.

성공한 어떤 싱어송라이터는 음악 지능, 언어 지능, 자기성찰 지능이 높게 나왔다. 작곡을 하려면 음악 지능이 중요하고, 작사를 하려면 언어 지능이 중요하고, 자신이 작사 작곡한 것에 문제가 없는지 성찰해야 하니 자기성찰 지능이 중요하다.

앞선 사례에서 알 수 있듯 프로그램의 연구 결과는 자신이 가진 상위 세 가지 지능(재능)을 활용할 수 있는 직업을 선택할 때 직업 만족도가 높고 행복을 느낀다고 한다.

이 결과를 나에게 적용해 보았다. 내가 가진 상위 세 가지 지능(재능)은 언어 지능, 대인관계 지능이며, 자기성찰 지능과 음악 지능이 비슷하게 높았다. 언어 지능, 대인관계 지능, 자기성찰 지능으로 한다면 '교수'라는 내 직업의 특성과 딱 맞아떨어진다. 교수는 글을 쓰고 말로 학생들을 가르치기 때문에 언어 지능, 학생들과 계속 만나 대화해야 하기 때문에 대인관계 지능, 내가 가르친 것에 실수와 오류가 없는지 성찰해야 하기 때문에 자기성찰 지능이 중요하다. 지금 나는 내가 가진 상위 지능(재능) 세 가지를 활용해 교수 역할을 감당하고 있으며, 이 일을 하는 것이 즐겁고 잘해내는 중이라고 생각한다.

그럼 한 가지 더 생각해 보자! 나는 언어 지능과 대인관계 지능, 자기성찰 지능을 상위 세 가지 지능(재능)으로 가지고 있는데, 이것은 교수라는 직업에만 해당될까? 그렇지 않다. 여기에는 성직자를 비롯해 상담사, 사회복지사, 레크리에이션 강사

등 여러 직업이 속한다. 그러므로 아이와 상위 세 가지 지능(재능)과 맞아떨어지고 활용할 수 있는 직업군이나 직업 다섯 가지를 같이 찾아보는 시간을 갖길 권한다. 아이와 머리를 맞댄 채 이야기를 나누다 보면 쉽게 알아낼 수 있다. 또한 인터넷을 통해서도 쉽게 직업에 대한 정보와 갖춰야 할 조건을 찾을 수 있다.

또 하나 생각할 것은 〈EBS 다큐프라임〉의 연구 결과에서 성공한 사람들에게 공통적으로 나타나는 상위 지능(재능)이 바로 자기성찰 지능이었다는 점이다. 이 지능은 열심히 노력하면 계발이 가능하다. 자기성찰 지능을 높이는 가장 좋은 방법은 바로 말씀묵상(Q.T.)과 일기쓰기다. 말씀묵상을 하면서 하나님의 말씀 앞에서 자신을 성찰하는 것이 중요하다. 자신이 누군지를 생각하고, 말씀대로 살지 못한 자신의 모습을 회개하고, 하나님의 말씀대로 살기로 결심해야 한다.

일기를 쓰는 것도 자기성찰을 높이는 데 도움이 된다. 일기쓰기를 통해 하루를 정리하면서 자신의 부족한 점을 반성하고, 더 나은 내일이 되려면 어떻게 해야 할지 생각해 볼 수 있다. 그래서 일기를 쓰는 습관을 가지면 좋다. 어린 시절부터 이 훈련을 하면 자기성찰 지능을 높이는 데 큰 도움이 된다.

오늘부터 아이가 가진 상위 세 가지 지능(재능)을 살펴보고, 어떤 직업이 이들 지능(재능)에 맞는지 자녀와 대화를 통해 찾아보고, 아이 스스로 말씀묵상을 하고 일기를 쓰면서 자신을 돌아보고 성찰하는 시간을 가지도록 도와주자!

## 아이가 열정적으로 하는 행동과 일을 찾아라!

아이가 일상생활에서 열정을 쏟는 행동과 일이 뭔지 살펴보아야 한다. 그것이 아이가 가장 좋아하는 행동과 일이기 때문이다. 아이가 그 행동을 하고, 그 일을 하고 산다면 얼마나 행복하겠는가! 이 이야기를 하면 부모들은 말할 것이다.

"아이가 가장 열정을 쏟는 것은 게임이에요. 게임할 때 얼마나 집중하고 열을 내서 하는지 몰라요. 그 외에는⋯."

대부분의 아이가 열정적으로 게임을 한다. 물론 그중에서 프로게이머가 나올 수도 있지만 소수다. 우리는 게임 외에 열정적으로 할 수 있는 행동과 일을 찾아야 한다. 아이들을 잘 살펴보면 이것을 분명히 찾아낼 수 있다.

열정을 쏟는 일은 돈을 뛰어넘는 가치를 지닌다. 돈을 안 줘도 자신이 좋아서 열정적으로 한다. 나는 청소년을 위한 일이라면 시간이 허락하는 한 어디든 달려가 가르치고 싶다. 코카콜라의 전 회장인 로버트 우드러프(Robert W. Woodruff)는 "나는 코카콜라를 정말 사랑하고 코카콜라에 미쳐 있다. 사람의 혈관에서는 붉은 피가 흐르지만, 내 혈관에서는 코카콜라가 흐른다"라고 말했다. 그는 코카콜라에 미쳐서 연구를 하다 결국 세계적인 기업으로 키울 수 있었다.

구체적인 팁 하나를 주겠다. 아이와 '인생 동사 찾기' 게임을 해 보는 것이다. 우리 아이의 심장을 뛰게 만드는 열정 동사, 자신의 인생을 이끄는 인생 동사 등 자기 자신을 드러내는 표현

동사를 찾는 게임이다. 컴퓨터로 여러 가지 동사를 찾아 출력한 뒤 자녀에게 자신을 표현하는 인생 동사, 열정 동사를 찾게한다. 앞서 언급한 다중지능이론의 여덟 가지 지능 영역과 관련된 단어 위주로 찾으면 된다.

게임에 좀 더 적극적으로 참여하게 하려면 이들 동사를 명령형으로 써서 출력한다. 예를 들면 신체운동 지능과 관련된 단어로 '활동하라, 달려라, 참아라, 유지하라, 지속해라', 공간 지능과 관련된 단어로 '그려라, 만들라, 정리하라, 창조하라', 대인관계 지능과 관련된 단어로 '일으키라, 협동하라, 사랑하라, 함께하라, 어울려라, 이끌어라', 논리수학 지능과 관련된 단어로 '조직하라, 계산하라, 분석하라, 계획하라, 증명하라' 등이 있다. 언어 지능과 관련된 단어로 '들어라, 써라, 말하라, 연설하라, 가르치라', 음악 지능과 관련된 단어로 '연주하라, 노래하라', 자기성찰 지능과 관련된 단어로 '생각하라, 반성하라, 고민하라', 자연친화 지능과 관련된 단어로 '불쌍히 여기라, 품어주라' 등이 있다. 아이가 선택하는 인생 동사와 열정 동사 안에 아이가 정말 하고 싶은 일이 있고, 아이가 중요하게 여기는 인생의 가치와 목적이 있다.

## 다양한 문화를 경험하도록 도와주라

사춘기 아이들에게 세계를 향한 눈을 뜰 수 있는 기회를 제공해 주는 것도 중요하다. 우리나라는 좁은 국토에 많은 사람이 살다 보니 경쟁이 치열하다. 그리고 학구열이 높아 대학 졸업자가 넘쳐나서 전문가이고 능력이 있음에도 직업을 갖지 못하고 사회에 공헌하지 못하는 사람이 많다. 실로 안타까운 일이 아닐 수 없다.

그러나 세계로 시선을 돌리면 할 수 있는 일이 많다. 과거에 나는 2년 정도 인도네시아에서 사역했는데, 실력을 갖춘 외국인 교수를 찾는 대학이 많았다. 우리나라에 박사학위를 가진 사람이 얼마나 많은가! 실력이 출중함에도 교수 자리가 없어 강의할 곳을 찾느라 전전긍긍하는 사람이 너무 많다. 이들이 해외에 나가 교수 사역을 하면서 중요한 연구를 수행한다면 사회에 공헌할 수 있는데 너무나 안타깝다.

내가 지내던 도시에 괜찮은 시설을 갖춘 병원이 많았지만 문제는 의사의 수준이었다. 하드웨어는 잘 갖추어져 있는데 소프트웨어가 따라가지 못해 외국인 의사들을 찾고 있었다. 우리나라에는 대학병원 전문의 실력을 갖추었음에도 자리가 많지 않아서 병원에 들어가지 못하는 의사가 많다. 이런 사람들이 해외로 나가면 좋은 의료시설에서 일할 수 있다. 앞으로는 우리나라에만 국한되어 일자리를 찾을 필요가 없다. 세계로 시선을 돌려 개발도상국이나 사회적 인프라를 구축해야 하는 나라에 진출하면 자신의 전문 영역에서 사람들로부터 인정받으며 살 수 있다.

아이들에게 중·고등학교 때 단기로 해외 방문하는 기회를 제공하면 그곳에서 자신의 진로를 찾을 수도 있다. 해외여행을 가면 아이들에게 그 나라의 문화와 역사를 한눈에 살펴볼 수 있는 박물관에 꼭 가라. 아이들은 그곳에서 자신의 꿈을 발견할 수 있다. 그리고 교회나 기독청소년단체에서 주최하는 단기 선교, 비전트립, 리더십스쿨 등에 참여할 수도 있다. 해외 단기 프로그램에 참여해 넓은 세계를 보고, 세계를 향한 구체적인 꿈을 꿀 수도 있다.

내가 인도네시아에서 2년 정도 지낼 수 있었던 것은 어린 시절의 경험 덕분이었다. 초등학교 5학년 때 활동했던 어린이 합창단에서 동남아시아로 연주 여행을 간 경험이 있다. 그때 접한 동남아시아 사람들과 문화, 생활환경, 교육 수준 등이 인상에 강하게 남아 한국으로 돌아올 때 "커서 꼭 다시 온다!"라고 다짐했던 기억이 있다.

청소년 시절 단기라도 다른 문화를 체험할 기회를 준다면, 특히 진로에 대해 관심이 없거나 꿈이 없거나 반복된 공부에 지친 아이들에게 진로를 탐색하게 하고, 꿈을 찾게 하고, 삶의 열정을 심어주는 긍정적 효과를 줄 수 있다.

# 시대 변화에 관심을 가지라

요즘 학계에서 가장 많이 사용되고, 뉴스에서 흔하게 나오는 단어가 '4차산업혁명'이다. 2016년 스위스에서 개최된 다보스포럼에서 언급된 이후 우리 시대의 화두는 '4차산업혁명'이 되었다. 4차산업혁명시대에는 인공지능이 일상생활에서 상용화되고, 인간을 대신해 로봇이 다양한 역할을 하고, 빅데이터가 사회를 지배하고, 3D 프린팅으로 제품을 만들어 내고, 생명공학과 의학이 더욱 발전할 것이다. 10년 전과 비교했을 때 지금 사회는 그 이전 시대에는 상상조차 할 수 없을 정도로 변화되었다. 또한 2020년 올해는 코로나19와 팬데믹을 경험하면서 사회학자들과 미래학자들은 앞으로 사회 변화의 속도가 상상하기 어려울 정도로 빨라질 거라고 예측한다.

우리 아이들이 성인이 되었을 때는 지금 사회와 완전히 다를 거라고 예상된다. 그러므로 부모는 시대의 변화에 관심을 가져야 한다. 아이들이 성인이 되었을 때 사회가 어떻게 변화될지 예측하기 위해 노력해야 한다. 현재 중학생 아이들이 성인이 되었을 때 현재 있는 직업의 절반 이상이 없어질 거라고 한다. 그러므로 부모는 통계 전문가가 쓴 미래 예측, 미래 사회의 변화와 관련된 책이 시중에 많이 나와 있으니 4차산업혁명과 관련된 책을 정독하는 것이 좋다. 통계는 축적된 데이터를 바탕으로 미래를 예측하기 때문에 상당히 과학적이고 신뢰할 만하다. 이런 책들을 탐독하면서 자녀가 사회에 진출할 때를 예측해 보고, 진로 멘토링에 활용할 수 있어야 한다. 나는 종종 중·고등학교 교사 연수를 진행하는데, 그때 교사들에게 도전 의식을 심어주기 위해 노력한다.

"수학을 가르쳐도 미래를 예측하면서 수학을 가르치는 교사가 되라. 미래에는 개인 로봇이 있어 수학을 활용할 곳이 없을 수 있다."

"영어를 가르쳐도 미래를 예측하면서 영어를 가르치는 교사가 되라. 미래에는 개인 통역기가 일반화되어 자신이 한국어로 말하면 바로 통역해 영어로 전달하고, 영어를 들으면 바로 통역되어 한국어로 들려주기 때문에 영어를 활용할 곳이 없을 수 있다."

미래를 예측하면서 자신이 맡은 과목을 가르치고 우리 아이들의 미래를 준비시키는 교사가 지금 시대에 필요한 교사상이다. 4차산업혁명시대의 특징에서 볼 수 있듯 아이들이 사회에 진출할 때 인공지능이나 로봇, 생명과학, 데이터 분야를 비롯해 사람의 마음을 위로하는 상담과 종교 분야가 큰 사회적 관심을 받게 될 것이라고 전망하는 사람이 많다. 어떤 학자는 로봇이 상담을 하는 시대가 올 거라고 예측했다. 그러나 과학 기술이 발전할수록 정신적·심리적으로 힘들어 하는 사람이 늘어나고, 사람들은 자신의 속마음을 털어놓고 싶어 로봇이 아니라 인간 상담사를 찾을 것이다.

다음으로는 융·복합 분야에 관심을 가져야 한다. 아이들이 사회에 진출할 때는 여러 과학 기술이 복합적으로 연결되는 전문성을 필요로 하기 때문에 융·복합 분야의 전문가가 인기가 높을 것이다. 예를 들어 3D 바이오 프린팅이 인간의 장기나 조직을 출력한다고 했을 때, 과학 기술과 생명공학, 의학의 융·복합이 이루어지게 된다.

정기적으로 아이들과 미래에 대해 생각해 보는 시간을 마련하고, 4차산업혁명시대와 관련된 책을 부모뿐 아니라 자녀도 탐독하게 해서 아이의 미래 진로를 같이 찾는 멘토링이 진행되어야 한다.


## 봉사활동을 진로 탐색의 기회로 활용하라!


요즘 아이들은 대학 입시 준비의 일환으로 봉사활동을 한다. 물론 봉사활동은 그 자체로 의미 있는 일이지만, 의무감으로 할 경우 자발적 열의가 떨어질 수밖에 없다. 이때 아이들은 봉사활동을 통해 보람을 느끼고 의미를 찾기보다 '봉사활동 점수 따기'라는 결과에만 관심을 갖게 된다. 그러므로 부모는 자녀가 봉사활동에 대해 대학 입시를 준비하기 위한 필수 코스로 생각하는 게 아니라 자신의 진로를 탐색하는 데 있어 좋은 기회라는 생각을 갖도록 유도해야 한다.

부모가 앞장서서 아이들이 다양한 분야의 봉사활동에 참여할 수 있는 기회를 제공해야 한다. 방학 기간 여러 기관에서 진행하는 행사나 봉사활동에 적극적으로 지원해 참여하도록 도와준다. 봉사활동도 종류가 많다. 기관에서 하는 봉사활동도 있고, 지방에 내려가서 2박 3일 진행되는 봉사 수련회도 있다. 봉사활동을 대학 입시와 연결 지으려는 생각을 버리고, 열심히 봉사하면서 진로를 찾을 수 있는 하나의 기회로 여겨 아이들이 봉사활동에 적극적으로 참여하도록 격려하고 지지해 주어야 한다.

실제로 제자들 가운데 한 명이 고등학교 때 NGO 단체에서 학생 봉사활동을 했다. 물론 처음에는 봉사 점수를 채우기 위해 시작했지만 봉사활동을 하면서 NGO가 어떤 일을 하고, 어떻게 운영되고, 어떤 의미를 지니는지 알게 되었다고 한다. 그리고 NGO에 입사해 선한 영향력을 전하는 것이 자신의 사명임을 깨닫게 되었다. 그 일이 계기가 되어 제자는 대학을 졸업한 뒤 국제협력 NGO 단체에 취업해 귀한 일을 감당하며 살고 있다.

## 취미 생활에서도 진로를 발견할 수 있다

어떤 취미를 가졌다는 것은 그 취미의 내용을 좋아한다는 뜻이다. 독서가 취미인 사람은 책 읽는 것을 좋아하고, 축구가 취미인 사람은 축구하는 것을 좋아한다. 아이가 어떤 것을 취미로 가지고 있다면 그것을 좋아하는 것이다. 좋아한다는 것은 사실 잘하는 것과 중복될 확률이 높다. 좋아해서 열심히 하게 되고, 그러면 잘하게 된다. 따라서 부모는 아이의 취미에 관심을 가져야 한다. 취미 활동을 할 수 있는 학교나 교회 동아리 모임이 있다면 참여해서 적극적으로 활동하도록 지지해 줘야 한다.

내가 사역했던 교회의 중·고등부에서는 학생들의 건전한 취미 생활을 제공하고, 그 취미를 통해 작은 전문성이라도 갖추도록 동아리를 운영하고 있었다. 예를 들어 축구 동아리에는 축구 코치가 있어 아이들에게 축구를 가르친 뒤 경기를 진행했고, 영상 동아리에는 영상 선생님이 있어 아이들에게 카메라 찍는 법과 영상 찍는 법, 찍은 영상을 편집하는 방법 등을 가르쳤다.

평소 자신의 미래와 진로에 대해 고민이 많았던 제자는 고등학교에 진학하면서 고민이 더 커졌다. "나중에 졸업하고 뭐 하고 싶으니?"라고 물으면 "모르겠어요. 그것이 고민이에요"라고 답해 나도 적절한 진로를 찾아주기 위해 노력했다. 그러던 중 여느 아이들이 그렇듯 영상 보는 것을 좋아하던 제자는 교회의 영상 동아리에 들어갔다. 처음에는 호기심으로 들어갔던 동아리에 차츰 흥미를 갖게 되었고, 영상 동아리에서 가장 열심히 활동하면서 선생님에게 기본적인 영상 기술을 배웠다. 그리고 얼마 지나지 않아 영상을 찍고 편집하는 기술이 수준급에 이르렀다. 고등학교를 졸업한 뒤 영상 관련 학과에 진학하지는 않았지만, 탁월한 실력을 갖춘 덕분에 지금은 자신이 좋아하는 영상 관련 일을 하면서 살고 있다.

이처럼 취미 생활을 통해 진로를 발견할 수 있다는 사실을 염두에 두고 아이의 건전한 취미 활동을 적극적으로 지원해 주어야 한다. 또한 진로를 결정할 때 참고하도록 멘토링을 해주어야 한다.

## 아이가 원하는 일을 실제로 하고 있는 사람을 만나게 해주라!

사춘기 아이들 가운데는 진로를 확실히 정한 아이도 있다. 이들에게 필요한 진로 멘토링은 어떤 진로로 가야 할지 찾게 해주는 멘토링이 아니라 실제로 자신이 생각하는 진로가 맞는지 검증해 본 뒤 확신을 가지고 준비하도록 돕는 멘토링이다. 이때 중요한 팁은 바로 아이가 원하는 일을 실제로 하고 있는 사람을 만나게 해주는 것이다. 예를 들어 아이가 의사가 되기를 원한다면 지인 가운데 의사가 있으면 만나게 해주면 된다. 없으면 동네에 자주 다니는 병원 의사라도 만날 기회를 갖게 해준다. 실제로 아는 학생이 의사가 되기를 원했는데, 평소 다니던 병원 의사한테 부탁해 대화할 수 있는 자리를 마련해 주었다.

아이가 유치원 교사가 되기 원한다면 유치원 원장님이나 보육교사를 직접 만날 기회를 갖도록 해준다. 부모가 아이를 생각해 얼굴에 철판을 깔고 뛰어다니면 누구든 만나게 해줄 수 있다. 아이의 진로를 위해 부모로서 그 정도의 노력도 못하겠는가! 아이가 원하는 분야에서 실제로 일하고 있는 사람을 만나게 해주는 것만큼 아이들에게 좋은 자극은 없다.


## 멘토 역할을 해줄 수 있는 책을 읽게 하라!

사람이 아니라 책이 아이들에게 멘토가 될 수도 있다. 조금 빠르다고 생각할 수 있지만, 나는 고등학교 학생들에게 대학에서 보는 다양한 학문의 개론서를 시간이 날 때마다 읽으라고 권장한다. 개론서는 그 학문의 구조이며 뼈대 역할을 하고, 어떤 학문인지를 안내해 주는 지도 같은 역할도 한다. 입문하는 사람들을 위해 쓰인 책이어서 고등학생이 읽어도 그리 어렵지 않다. 개론서를 읽으면서 아이들이 자신의 진로를 찾을 수도 있다고 생각한다.

안타까운 마음이 드는 제자가 있다. 그 학생은 고등학교 때 공부를 정말 잘했다. 의학과에 진학해 의사가 되겠다고 진로도 명확히 잡았다. 그리고 서울의 좋은 대학교 의학과에 합격했다. 여기까지는 좋았는데, 문제는 의학과에서 배우는 학문의 내용이 실제 자신이 생각했던 것과 너무 달랐으며, 학문적 적성도 맞지 않았다. 그래서 휴학하고 오랫동안 고민하다가 결국 자퇴한 뒤 다른 진로를 모색했다.

사실 '이 학문은 이럴 것이다'라고 예상했는데 실제로 공부해 보니 자신이 생각한 것과 완전히 다를 수 있다. 따라서 진로를 선택하는 것도 중요하지만, 그 진로로 가기 위해 준비하는 과정에서 해야 하는 공부가 자신의 적성에 맞는지 미리 살펴봐야 한다. 나는 여러 학문을 공부해 보았지만, 교육학이 내 학문적 적성에 딱 맞았다. 그렇기에 남들에게는 가장 고생스럽고 힘들었을 지도 모르는 유학 생활이 내 인생에서는 가장 재미있었다. 교육학 공부가 적성에 잘 맞아서 행복하게 공부할 수 있었기 때문이다.

아이들에게 다양한 학문 개론서를 읽어 보도록 권해 보자! 신학, 철학, 경영학, 경제학, 심리학, 정치외교학, 역사학, 문학, 신문방송학, 생물학, 물리학, 지구과학 등의 개론서를 읽게 하자! 그러면 자신의 구체적 진로를 찾아내고, 어떤 진로로 가겠다고 결심한 아이는 자신의 선택이 맞는지 검증하는 기회를 가질 수 있다.

아이들의 진로에서 동시대를 사는 사람의 자서전도 멘토 역할을 해줄 수 있다. 개인적으로 옛날 사람의 위인전보다 동시대 사람들의 자서전을 많이 읽었다. 자서전은 내 삶에 중요한 교훈을 주었고, 내 진로와 인생의 방향을 정하는 데 큰 도움이 되었다. 위인전은 다른 사람이 어떤 위인의 인생을 연구해 쓴 것이라 어떤 면에서 주인공이 영웅처럼 느껴진다.

반면 자서전은 저자가 자신의 인생을 돌아보면서 쓴 것으로 그 안에는 고난과 위기, 역경의 과정이 들어 있다. 그것을 극복하고 꿈을 이룬 과정이 담겨 읽는 사람이 공감할 수 있다. 그리고 동시대에 살고 있는 사람이 썼기 때문에 공감력이 더 올라간다.

아이들에게 동시대 사람의 자서전을 읽을 수 있는 기회를 제공하라! 아이들은 텔레비전이나 유튜브에서 봤던 사람이나 같은 시대를 살고 있는 유명 인사들의 책을 읽으면서 흥미를 갖게 되고, 그 사람의 삶에서 인생의 모델을 발견할 수 있다. 또한 그 모델이 걸었던 길을 가겠다고 결심할 수도 있다.

## 관계 중심적인 아이로 키우라!

요즘 사춘기 아이들을 보면 상당히 이기적이다. 그럴 수밖에 없는 것이 한 가정에 자녀가 한 명인 경우가 많아서 양보할 누군가가 없다. 형제나 자매가 있으면 싸우면서 양보하는 법과 타협하고 화합하는 것을 배우는데, 그럴 기회가 없다. 그리고 대학 입시에 매달려 친구들과 어울릴 시간이 부족하고 혼자 공부하고, 혼자 인터넷을 하며 지내다 보니 관계성 부분에서 문제가 생길 수밖에 없다.

실제로 요즘 사춘기 아이들의 문제를 보면, 관계로 말미암아 생겨난 경우가 대부분이다. 지금 학교에서 학부 학생의 진로 상담을 해주고, 취업을 준비시키는 역할을 감당하고 있어 회사나 기관의 취업 담당자를 만날 때마다 "요즘 어떤 역량을 가진 사람을 직원으로 뽑습니까?"라고 물어본다. 그러면 빠지지 않고 하는 말이 "관계 지향적인 사람을 선호합니다"라고 말한다.

자영업이 아닌 이상 회사에서 사람들과 함께 일해야 한다. 회사의 입장에서는 능력이 뛰어나 좋은 성과를 내는 사람이 필요하지만 그 사람이 다른 직원들을 무시하고 관계성에서 문제가 있으면 장기적으로 볼 때 회사에 이익이 되지 못할 뿐 아니라 다른 직원들이 일하는 데 방해가 될 수도 있다. 그리고 한 사람이 잘한다고 해서 회사가 운영되는 것이 아니라 구성원 모두가 맡겨진 일을 협력해 성과를 이뤄내야 잘 운영될 수 있다.

이 시대는 타인을 존중하고 서로 협력해 일할 수 있는 인재가 필요하다. 그러므로 부모는 아이들이 함께 어울리는 기회를 제공해야 한다. 학교나 교회의 모임에 적극적으로 참여하도록 격려하고, 좋은 친구들과 어울리는 시간을 허락해 주어야 한다. 관계 지수는 이론이 아니라 함께 어울리는 시간이 늘어가면서 쌓아진다는 사실을 잊지 말아야 한다.

## 하나님이 기뻐하시는 사명의 본보기를 소개하라!

요셉은 창세기에 나오는 인물이다. 우리는 요셉이 고생 끝에 애굽의 총리가 되었다는 점에 초점을 맞추는 경향이 있는데, 사실 이 이야기의 핵심은 '왜 하나님은 요셉을 애굽에 팔리게 하시고, 결국 애굽의 총리가 되게 하셨는가?'에 있다. 왜 하나님은 요셉을 애굽의 총리로 삼으셨을까? 바로 생명 구원 때문이다. 하나님이 요셉에게 허락하신 사명은 애굽의 총리가 아니라 생명 구원이었다. 애굽의 총리 자리는 단지 그 사명을 위한 수단이었을 뿐이다.

> 당신들은 나를 해하려 하였으나 하나님은 그것을 선으로 바꾸사 오늘과 같이 많은 백성의 생명을 구원하게 하시려 하셨나니 창 50:20

하나님은 고대 서아시아 지방에 7년 대풍년이 왔을 때 곡식을 잘 저장해 두었다가 그다음 7년 대흉년이 왔을 때 잘 분배해 자신의 가족을 살리고 많은 생명을 살리는 역할을 맡기기 위해 요셉을 애굽의 총리로 세우셨다. 당시 애굽은 서아시아의 최강대국으로 그 나라의 총리 정도가 되어야 이런 영향력을 행사할 수 있었다.

여기서 우리는 하나님이 기뻐하시는 사명의 구체적 내용이 무엇인지 알 수 있다. 바로 생명을 살리는 것이다. 육체의 생명뿐 아니라 정신의 생명, 영혼의 생명을 살려야 한다. 지금 아프리카에서는 많은 사람이 굶주린 채 육체의 생명이 죽어가고 있다. 우리 자녀들은 그들을 살리는 사명을 감당해야 한다. 의료계에서 일하면서, NGO와 사회복지 분야에서 일하면서 육체의 생명을 살려야 한다.

요즘 우울증에 빠지고 분노에 빠져 정신적으로 죽어가는 사람이 많다. 우리 자녀들은 그들을 위로하고, 상담하고, 이야기를 들어 주면서 정신을 살리는 사명을 감당해야 한다. 우리 주위에 예수님을 모른 채 영혼이 죽어가는 사람이 너무 많다.

> 내가 달려갈 길과 주 예수께 받은 사명 곧 하나님의 은혜의 복음을 증
> 언하는 일을 마치려 함에는 나의 생명조차 조금도 귀한 것으로 여기
> 지 아니하노라 행 20:24

사도 바울이 말한 것처럼 우리 자녀들의 사명은 영혼을 살리는 일이다. "열심히 공부해서 돈 많이 벌고 사회적으로 인정받으면서 편안하고 행복하게 살았으면 좋겠어"라고 말하는 부모가 아니라 "열심히 공부해서 전문성을 가지고 생명 살리는 사명을 감당함으로써 하나님을 기쁘시게 하고, 이 사회가 좀 더 아름답고 따뜻한 사회가 되도록 선한 영향력을 발휘하는 사람이 되었으면 좋겠어. 이것이 아름다운 삶이고 진정 행복한 삶이라고 생각해"라고 말해줌으로써 인생의 방향성을 알려주는 부모가 되었으면 좋겠다. 다른 사람들에게 도움을 주는 진로를 가질 때 공부와 도전에 대한 동기가 더 강해지고, 청소년기를 멋있게 보낼 수 있다.

그러기 위해선 지금 시대를 이끌어가는 좋은 본보기가 필요하다. 연예계, 정계, 경제계, 스포츠계, 대중음악계 등 다양한 분야에서 기부와 선행을 하고, 자신의 전문성을 가지고 다른 사람들에게 선한 영향력을 발휘하고, 생명을 살리고, 하나님을 잘 믿는 좋은 본보기가 많다. 이런 본보기를 찾아 자녀에게 소개하고, 유튜브 영상을 통해 이들의 인터뷰나 강의, 간증 등을

보고 듣게 하면 그 자체로 진로 멘토링이 된다. 영상을 통해 감동과 도전을 받고, 자신도 하나님이 기뻐하시는 삶을 살기로 결심하며, 청소년기를 가치 있는 삶을 위한 준비 시간으로 멋지게 보낼 수 있다.

자녀와 진로에 대해 이야기할 때 "너는 어떤 일을 하면서 하나님을 기쁘시게 할래?" "누구에게 선한 영향력을 발휘하며 생명을 살리는 삶을 살래?" "좀 더 나은 사회를 만들기 위해 어떻게 노력할래?" "진로를 통해 어떻게 해야 어렵고 힘들고 소외된 사람들을 돕고 그들에게 희망을 줄 수 있을까?" "네가 번 돈을 사회를 밝게 만들기 위해 어떻게 사용해야 할까?" 등의 질문을 던지고 서로 나누는 시간을 가진다. 이런 대화를 통해 아이는 부모를 더욱 존경하게 되고, 아름다운 대화가 오가면서 하나님이 기뻐하시는 삶을 사는 가족으로 성숙해 나갈 것이다.

## 사명을 발견하면 그것을 위해 함께 기도하라!

아이가 하나님의 기쁨으로 살아가기 위한 구체적 사명을 발견했다면 부모는 자녀와 지속적으로 기도해야 한다. 기도를 통해 하나님께 자녀의 진로와 인생을 맡겨야 한다. 하나님의 기쁨으로 살 것을 구체적으로 결심하고, 이 결심을 하나님께 올려 드리면서 하나님의 결재를 받는 것이다.

사람이 마음으로 자기의 길을 계획할지라도 그의 걸음을 인도하시는
이는 여호와시니라  잠 16:9


결국 우리 자녀의 구체적인 삶의 걸음, 진로의 걸음을 인도
하시는 분은 하나님이다. 그러므로 항상 하나님을 의지하고 하
나님의 은혜와 도움을 구해야 한다.

## 적용하기

1. 자녀에게 자신이 이루지 못한 꿈이나 사회적으로 인정받는 전문직을 강요할 것이 아니라 아이를 객관적으로 볼 수 있는 능력을 가진 부모가 되자!

2. 하나님을 기쁘시게 하는 삶의 목적과 비전을 발견하게 하고, 그 비전 안에서 직업과 전문성을 통해 구체적인 삶의 과제이자 삶의 모습인 사명을 발견하도록 돕는 부모가 되자!

3. 자녀가 가진 상위 세 가지 지능(재능)을 찾아내고 어떤 직업들이 이 지능(재능)에 맞는지 아이와 대화를 통해 찾아보는 노력을 하고, 말씀묵상과 일기쓰기를 통해 아이가 자기 자신을 돌아보고 성찰하는 시간을 가지도록 돕는 부모가 되자!

4. '인생 동사 찾기'를 통해 아이가 열정적으로 하는 행동과 일을 찾아주는 부모가 되자!

5. 여건이 허락된다면 함께 해외여행을 가거나 단기 해외 프로그램 등을 통해 다른 문화를 직접적으로 체험할 수 있는 기회를 아이에게 제공하는 부모가 되자!

6. 4차산업혁명시대에 관심을 가지고, 이와 관련된 책을 찾아 읽고 공부하며 미래에 대비하는 진로 멘토링을 해주는 부모가 되자!

7. 아이에게 봉사활동을 통해 진로 탐색의 기회를 제공하는 지혜로운 부모가 되자!

8. 아이가 건전한 취미를 가졌으면 적극적으로 지원해 주고, 취미를 통해 진로에 대해 고민하도록 멘토링을 해주는 부모가 되자!

9. 아이가 나아가고자 하는 분야에서 실제로 일하고 있는 사람을 찾아 만남을 주선하는 열정적인 부모가 되자!

10. 아이에게 대학의 다양한 개론서와 동시대를 사는 인물들의 자서전을 읽게 함으로써 진로 탐색의 기회를 제공하는 전문적인 부모가 되자!

11. 함께 어울리며 살아가고 일할 수 있는 관계 중심적인 아이로 키우는 부모가 되자!

12. 하나님을 기쁘시게 하는 삶을 살기 위해 노력하고 선한 영향력을 발휘하고 있는 본보기가 되어줄 사람의 유튜브 영상 등을 아이에게 소개하고 그 영상을 보고 도전받게 하는 부모가 되자!

13. 자녀가 하나님의 기쁨으로 살아가기 위한 구체적 사명을 발견했으면 그것을 이루기 위해 자녀와 함께 기도하는 부모가 되자!

# 5장
# 사자에게 학습 멘토링을 하다

우리나라 중·고등학교의 커리큘럼은 원하든 원하지 않든 입시 위주로 짜여져 있다. 학교에서는 대학 입시에 맞춰진 수업을 진행하고, 아이들은 대학 입시에 필요한 과목을 공부한다. 학교 공부로는 부족하다고 생각해 대부분의 아이는 학원에 가서 보충 공부를 하고 과외를 받기도 한다. 이처럼 열심히 공부해 대학 입시에서 고득점을 받아 자신이 원하는 대학과 학과에 들어가는 학생이 있는 반면 경쟁에서 뒤처지고 대학 입시에 실패해 인생의 큰 좌절을 맛보는 학생도 있다.

이런 경쟁적인 대학 입시 문화는 많은 문제점을 노출해 정치계와 교육계 등에서 이것을 바꾸기 위해 수십 년간 노력해오고 있다. 그러나 좋은 의미에서 교육열이 높은 우리나라 문화와 고등교육에 대한 갈망, 한정된 대학 정원 등으로 말미암아 쉽게 바뀌지 않고 있다. 이런 상황에서 아이들은 스트레스와 갈등, 불안 속에서 살아가고 있으며 교육뿐 아니라 사회 전체적으로 다양한 문제가 파생되고 있다.

이런 현실에서 부모로서 이상향만 꿈꿀 수는 없다. 아이가 상처받지 않고 행복할 수 있도록 우리나라의 입시 문화가 잘못 되었고, 경쟁은 다른 사람을 이겨야 하는 나쁜 것이니 가능하면 피하고 경쟁에서 져도 된다고 가르칠 수는 없다. 아이들이 대학 입시에 내몰린 현실이 안타깝기는 하지만 현실을 인정하고 자녀가 이 사회의 건강한 구성원으로서 자기 할 일을 하며 살아가도록 경쟁에서 최선을 다하고, 선의의 경쟁을 하라고 말할 수밖에 없다. 부모로서 참 어려운 문제가 아닐 수 없다.

인구 수가 감소하고, 대학 정원보다 지원자 숫자가 적은 상황이 발생하면서 우리나라의 경쟁적인 대학 입시 문화도 변화의 조짐이 나타나고 있다. 또한 4차산업혁명시대에는 학벌보다 창의적인 아이디어가 중요한 시대이므로 소위 SKY 위주의 사회 문화가 바뀔 가능성이 있다.

요즘 초등학생들이 선망하는 직업에서 상위를 차지하고 있는 것이 '유튜버'라고 한다. 유튜버는 창의적인 아이디어가 중요하지 어느 대학 무슨 학과를 나왔는지는 중요하지 않다. 이런 미래의 변화 가능성에도 불구하고 현실은 변화의 속도가 더뎌 현실과 미래를 두루 살펴보면서 아이들을 교육하면 좋을 것 같다.

가정에서 공부와 관련된 부모의 역할은 아이가 과도한 경쟁에서 상처받지 않고 열심히 공부해 자신의 능력을 발휘하도록 돕는 것이다. 그리고 공부의 동기가 자신이 잘 되기 위한 것이라는 이기적 관점에서 벗어나 하나님을 기쁘시게 하는 비전을 위한 사명이 되도록 격려해 주어야 한다.

# 절대 기준으로 평가하라!

우리 사춘기 자녀들은 상대 평가의 문화에서 살고 있다. 상대 평가는 다른 아이와 비교해 누가 더 잘하는지를 평가하는 것이다. 서울에 있는 명문 대학의 정원수가 전체 수험생 수에 대비해 너무 적다 보니 다른 아이보다 잘해야만 선택을 받을 수 있다. 그래서 우리 아이들의 머릿속에는 누구를 이겨야 살아남는다는 상대 평가 의식, 과도한 경쟁의식이 자리 잡고 있다. 이런 현실은 아이들의 입장에서 엄청난 부담과 스트레스로 작용하고, 친구 관계에 문제가 발생하기도 한다.

상대 평가 문화의 긍정적 측면을 보면 건전한 경쟁을 통해 최선을 다하도록 유도함으로써 개인의 성장을 돕고 그 결과가 사회 발전으로 이어질 수 있지만 그에 따른 부작용도 만만치 않다. 승리하는 사람이 있으면 패배하는 사람이 생기고, 1등이 있으면 꼴등이 있기 마련이다. 그래서 승리하기 위해, 1등하기 위해, 즉 자신만 잘되면 된다는 결과를 얻기 위해 수단과 방법을 가리지 않는 이기적이고 부정직한 삶을 사는 사람이 많다. 그로 말미암아 사회 발전이 더뎌지고, 서로 도우며 살아가는 상생의 모습이 사라지는 등 갈등 사회가 될 수 있다.

성숙한 부모는 "우리 아이만 잘 먹고 잘 살고 승리하기를 원한다"가 아니라 "우리 아이를 비롯한 모든 아이가 잘 먹고 잘 살고 승리하기를 원한다"는 상생을 가르쳐야 한다고 생각한다. 부모는 사회에 필요한 건강한 가치를 자녀에게 심어 주어야 한다. '상생'의 가치가 우리 아이들에게 절대적으로 필요하다. 이 가치를 실현하기 위해 부모는 자녀 교육에서 절대 평가의 기준으로 아이들을 바라보고 평가해야 한다. "다른 아이를 이겨라"가 아니라 "최선을 다해 너의 한계를 뛰어넘어라"를 교육의 모토로 삼고 경쟁 상대는 남이 아니라 자신임을 깨닫게 해야 한다.

절대 평가의 기준은 다름 아닌 '나 자신'이다. 자신의 한계를 뛰어넘고, 자신의 역량을 최대한 발휘하는 것이다. 절대 평가의 기준으로 아이들을 격려하고 긍정적인 자극을 주면 부모가 기대한 것 이상의 성과가 나타난다. 성적표를 볼 때 부모들은 자녀의 성적에 대해 이야기하기보다 "옆집 아이는 몇 점이야?" "반에서 너보다 시험 점수가 높은 아이가 누구야?"라며 다른 것에 관심을 가진다. 모두 상대 평가의 기준에서 나온 질문이다. 그러나 이제부터는 절대 평가의 기준으로 자녀를 바라보아야 한다. 그러기 위해선 자녀의 가능성과 한계를 객관적으로 볼 수 있어야 하는데, 필요 이상의 욕심과 비현실적 기대를 버리면 된다.

한 가지 예를 들어 보자. 아이가 지난 영어 시험에서 85점을 받았는데, 이번 시험에서는 86점을 받았다. 그러면 부모는 어떻게 반응하고, 아이에게 어떤 피드백을 주어야 하는가? 절대 평가의 기준이라면 칭찬하는 것이 맞다. 지난 시험의 성적에서 자기 한계가 85점이었는데, 이번 시험에서 그 한계를 뛰어넘었기 때문이다. 쉽게 말하면 지난 시험이 평가의 기준이 된다. 지난 시험의 성적보다 잘 나왔으면 칭찬하고, 낮게 나왔으면 다음에 더 잘하도록 격려해야 한다. "100점 맞아야 하는데…"라는 필요 이상의 욕심과 비현실적 기대는 버려야 한다.

절대 평가의 기준으로 아이를 평가하고 도전할 수 있는 긍정적 자극을 주면 아이들의 마음속에 경쟁심이 생겨날 수 있다. 이것은 다른 친구를 이겨야 한다는 경쟁심이 아니라 자신의 한계를 넘어서야 한다는 경쟁심이다. 그래야 의지가 강한 아이가 되고, 이런 아이들이 행복한 삶을 살게 된다. 의지가 강한 아이는 앞으로 닥칠 인생의 많은 고난과 역경에 굴복하지 않고 그것을 극복하면서 또다시 도전하며 살아갈 것이다. 그러면서 다른 사람들이 어려움을 극복하도록 도와주는 상생의 삶을 살아갈 수 있다. 이제부터 절대 평가의 기준으로 아이들을 평가하는 습관이 몸에 배도록 노력하자.

## 자기주도적인 학습 태도를 가질 수 있게 도우라!

사춘기 아이들 가운데는 원래 공부가 싫은 것이 아니라 공부에 대해 강압적인 부모에 대한 반발심으로 공부를 안 하는 아이가 많다. 어린 시절 들은 잔소리 때문에 "공부는 일이다"라는 공부에 대한 부정적 인식을 갖게 되었을 수도 있다. 공부에 대한 좋은 습관은 빨리 만들어줄수록 좋다. 사춘기가 지나면서 자기 주관이 뚜렷해 지고, 공부에 대한 태도와 관점이 확고해지기 때문이다.

　사실 아이의 입장에서 공부는 '일'이 될 수도 있고, '놀이와 쉼'이 될 수도 있다. 아이가 놀고 있거나 자고 있을 때 부모가 반복적으로 "빨리 공부해. 딴짓하지 말고 열심히 공부해"라고 말하면 '공부는 일이다'라는 인지가 생기게 된다. 반면 "공부는 일이 아니라 놀이이자 쉼이야"라고 말해 주면 공부가 '놀이와 쉼'이라는 인지가 생기게 된다. 심리학에서 인지 치료의 핵심은 잘못된 인지를 바꿔주는 것인데, 공부에 대해 '일'이 아니라 '놀이와 쉼'이라고 인지를 바꿔줘야 한다.

　"여행 가서 엄마 아빠가 무엇을 하지? 평소 읽고 싶었던 책을 보지. 왜 놀러 가서 책을 볼까? 책 보는 것이 '일'이면 놀러 가서 책을 볼까? 아니겠지. 사람에 따라 책 읽는 것이 놀이와 쉼이 될 수도 있는 거야. 책 읽는 것이 놀이라고, 쉼이라고 생각하면 즐겁게 책을 읽고 공부할 수 있겠지."

　"작년에 미국에 놀러 갔지? 그때 아빠랑 비행기에서 영화를 볼 때 한글 자막이 나오지 않아서 앞부분만 보다가 영화 보는 것을 포기했잖아. 만약 영어를 잘한다면 최신 외국 영화를 바로 볼 수 있어. 참 좋겠지? 그리고 미국에 놀러 가서 지나가는 사람들과 편하게 이야기할 수 있다면 정말 신기하고 재미있을 거야. 이런 걸 보면 영어는 공부가 아니라 생활이라는 걸 알 수 있어. 삶을 더 즐기기 위해 필요한 거야. 이제부터 영어 공부를 할 때 한글 자막 없는 최신 외국 영화를 보고, 외국 사람들과 친구가 될 수 있는 놀이나 게임이라고 생각하면 영어가 금방

늘고 잘하게 될 거야."

본격적으로 사춘기가 시작되기 전에 공부하는 분위기를 만들어 주는 것이 필요하다. 집에서 공부하는 시간에 부모가 거실에서 텔레비전을 보고 있으면 당연히 아이는 공부하기가 싫어지고 텔레비전을 보고 싶을 것이다. 그리고 공부하는 아이의 옆에서 핸드폰을 만지작거리면 안 된다. 당연히 아이도 핸드폰을 하고 싶을 것이다. 아이가 공부하는 시간에 부모도 책을 읽거나 공부하는 시간을 가지면 좋다. 이렇게 하면 아이에게 공부할 수 있는 힘을 불어 넣어줄 수 있다.

공부를 일이 아니라 놀이와 쉼으로 인지하고, 공부할 수 있는 분위기가 만들어지면 자기주도적 학습이 가능해진다. 자기주도적 학습은 말 그대로 학생이 주도가 되어 공부하는 것이다. "이거 해라, 저거 해라"는 잔소리를 듣고 기분이 나쁜 상태에서 의자에 앉아 몸을 비비 꼬면서 하는 공부가 아니다. 아이가 공부를 왜 해야 하는지 동기를 찾고, 앞서 언급한 대로 절대평가의 관점에서 자기의 가능성을 최대한 발휘하고, 자신의 한계를 뛰어넘기 위해 스스로 계획을 짜고 열심히 공부하는 것이다. 사실 공부에서 자신의 약점과 강점을 가장 잘 아는 사람은 바로 자기 자신이다. 부모는 옆에서 아이가 스스로 공부하도록 힘을 북돋아주는 역할을 할 뿐이다.

다음은 자기주도적 학습을 위한 실천 십계명이다.

## 실천 십계명

1. 공부가 일이 아니라 놀이와 쉼이라는 인지를 가지도록 도와주라.

2. 즐기게 하기 위해선 강제적으로 공부를 시키지 말라.

3. 자녀가 공부할 때 부모도 같이 공부하고 책을 읽어라.

4. 자녀가 스스로 학습 계획을 세우도록 격려하라.

5. 자신이 세운 학습 계획대로 공부하는지 점검해 줘라.

6. 절대 평가의 기준으로 아이의 학습을 평가하라.

7. 공부할 때 아이에게 힘을 줄 수 있는 응원의 말을 하라.

8. 공부에 있어 강점과 약점을 가장 잘 아는 사람은 자녀 자신임을 명심하라.

9. 자기주도적 학습에서 공부를 왜 해야 하는지 동기를 찾는 것이 중요하므로 공부의 동기를 점검해 주고, 아직 동기를 못 찾았으면 공부해야 하는 동기와 이유를 제시하며 교육적인 자극을 주라.

10. 자녀가 스스로 열심히 공부할 수 있는 존재임을 믿어라.


## 공부해서 남 주자


공부하는 이유는 다양하다. 그래서 공부와 관련된 주제로 상담할 때 가장 먼저 이 질문을 던진다.

"왜 공부하니?"

"좋은 대학에 가고 싶어서요."

"왜 좋은 대학에 가고 싶니?"

"좋은 직장에 들어가거나 내가 원하는 직업을 가지려고요."

"왜 좋은 직장에 들어가거나 네가 원하는 직업을 가지려고 하니?"

"돈을 많이 벌고 싶어서요."

"그럼 왜 돈을 많이 벌고 싶니?"

"좋은 차도 사고 좋은 집을 사려면 돈이 필요하잖아요."

이런 식으로 "왜"라는 질문을 계속하면 내담자인 아이는 귀찮은 기색을 드러낸다.

이런 반응에 상관없이 다시 한 번 묻는다.

"그럼 왜 좋은 차와 집이 사고 싶니?"

대부분의 아이는 이쯤에서 답이 막혀 버린다. 사실 이들 질문의 답은 허무함으로 끝난다. 이 대화는 실제 상담에서 아이들이 가장 많이 답변한 내용을 재구성한 것이다. 열심히 공부한 최종 결과가 고작 좋은 차와 좋은 집이라니!

이 책을 읽고 있는 부모들 가운데 이미 좋은 차와 집을 소유한 사람이 있을 텐데, "정말 행복하십니까?"라고 묻고 싶다. 좋은 차를 타고 좋은 집에 사는 사람은 공부의 최종 목적을 이뤘으니 행복할까? 많은 심리학자는 사회적으로 잘 나가고, 큰돈을 벌고, 많은 성취감을 느낀 사람일수록 허무함이 크다고 말한다.

좋은 집에서 살고, 좋은 차를 타면 당연히 편하고 좋다. 그리고 돈을 많이 벌면 자녀뿐 아니라 자녀가 결혼해 이룰 가족도 편하게 살 수 있고, 부모도 그 덕을 볼 수 있다. 이처럼 우리 아이들이 생각하는 공부의 동기는 자신이 편하고 누리며 사는 것이다. 범위를 좀 더 넓히면 자기를 포함한 가족이 편하고 누리며 사는 것이다. 이것이 공부의 동기가 될 수는 있지만 너무 평범하다.

개인적으로 우리 아이들이 더 가치 있고, 심장을 뛰게 하는 공부의 동기를 가졌으면 한다. 자신과 가족만 편하게 누리며 살기 위한 동기보다 앞서 살펴본 하나님을 기쁘시게 하기 위한 비전을 갖기를 바란다. 다른 사람의 육체의 생명, 정신의 생명, 영혼의 생명을 살리고자 하는 공부 동기가 필요하다. 그리고 사회에 선한 영향력을 끼치고, 다른 사람에게 유익을 주기 위한 공부 동기가 필요하다.

"공부해서 하나님을 기쁘시게 하자!" "공부해서 남 주자!" "공부해서 남을 유익하게 하자!" "공부해서 사회를 밝게 만드는 역할을 하자!" "공부해서 많은 사람이 배부르게 먹을 수 있도록 하자!" "공부해서 많은 사람이 교육받을 수 있게 하자!" "공부해서 많은 사람이 행복을 누릴 수 있도록 하자!" "공부해서 많은 사람의 생명을 살리자!" 공부에 대한 이런 동기는 멋지지 않은가!

포항에 대학을 세우고 빠르게 명문 대학으로 키워낸 한동대학교 고 김영길 총장의 교육 모토가 바로 '공부해서 남 주자'였다. 한동대학교 출신인 제자가 몇 명 있는데, 다른 대학 출신과 비교해 뭔가 다르게 느껴지는 것이 있다. 자기 자신만을 위해 공부하고 일하지 않고 남에게 주기 위해 공부하고 일한다.

'공부해서 나 주자'와 '공부해서 남 주자'에서 무엇이 심장을 뛰게 하고, 더 열심히 공부하게 만들까? 답은 후자다. '공부해서 남 주자'라는 생각을 가진 아이들이 훨씬 더 열심히 공부한다. 전자의 동기를 가진 아이들은 자신을 비롯해 가족에게 영향력을 끼칠 것이다. 그러나 후자의 동기를 가진 아이들은 100명, 1,000명, 10,000명, 아니 대한민국 국민 전체, 더 나아가 세계의 수많은 사람에게 영향을 끼칠 수 있다. 그러면 책임감과 긍정적인 부담감을 가지고 더 열심히 공부할 수 있다.

청소년 캠프를 인도하면서 아이들이 정말 순수하다는 것을 느꼈다. "공부해서 하나님을 기쁘시게 하자!" "공부해서 남 주자!" "나만 위해 공부하지 말고 남을 위해 공부하자!"라고 목에 핏대를 세운 채 설교하고 강의하면 많은 아이가 도전을 받는다. 그래서 캠프를 마치고 변화되어 열심히 공부한다. 공부의 동기가 바뀌었기 때문에 더 열정적으로 공부한다. 감사하게도 캠프에서 내 설교를 듣고 하나님의 은혜로 변화된 아이들 가운데 고등학교를 졸업하고 대학을 졸업하고 지금 사회에서 영향력을 발휘하며 다른 사람들에게 유익을 주는 하나님의 자녀가 꽤 있다.

이런 인생이 아름다운 인생이다. 자녀에게 아름다운 인생에 대한 비전으로 '공부해서 남 주는' 공부의 동기를 심어주고 격려하는, 평범을 뛰어넘는 특별한 부모가 되기를 소망한다.

# 이렇게 공부할 수 있도록 인도하라!

### 모국어를 이해하다! '국어 공부법'

언어 영역은 말하기, 듣기, 쓰기, 읽기다. 우리나라 사람이라면 국어가 모국어이기 때문에 당연히 말하기, 듣기, 쓰기, 읽기가 된다. 그래서 국어 공부는 '이해'가 중요하다. 이해하고 말하는지, 들은 것을 이해하는지, 이해하고 쓰는지, 읽은 것을 이해하는지를 중요하게 본다. 입시와 관련된 국어 시험에는 사실 말하기, 듣기, 쓰기, 읽기가 다 들어 있다. 수능시험에 듣기와 읽기가 들어가고, 논술에 쓰기가 들어가고, 면접에 말하기가 들어간다.

먼저 듣기와 읽기를 잘하려면 책 읽을 때 문단을 나누는 연습을 해야 한다. 그리고 문단별로 중요한 키워드가 무엇인지 한 단어를 찾아내고, 중요한 내용이 무엇인지 한 문장으로 요약해 본다. 이 요약 훈련은 종합적으로 정리하고 이해하는 데 큰 도움이 된다. 뉴스 아나운서들은 전달해야 할 뉴스의 내용을 이해하고 짧은 문장으로 정리하는 훈련을 한다.

학습서들을 한번 쭉 읽고 넘기는 것이 아니라 처음에는 힘들겠지만 문단 나누기와 요약하는 훈련을 한다. 국어 교과서뿐 아니라 문제집 지문도 문단 나누기와 요약하기를 하면 좋은 결과가 있을 것이다. 그리고 국어는 부모가 함께 공부할 수 있는 과목이다. 아이가 문단 나누기와 요약을 하면 부모가 점검해 줄 수 있다. 또한 자녀와 머리를 맞대고 어떤 식으로 요약하면 좋을지, 문단의 가장 중요한 키워드가 무엇인지 고민하는 것도 효과적인 학습 방법이다. 읽고 문단 나누고 키워드 찾고 요약하는 훈련은 다양한 종류의 책을 가지고 해 본다. 대학 입시에 매달리지 않아도 되는 아이가 이 훈련을 꾸준히 한다면 좋은 결과로 이어질 것이다.

논설문 형식의 책, 자서전, 신문 사설, 문학작품(고전을 포함한 수필, 시, 소설 등)으로 훈련하면 국어 과목의 기본기를 다지는 것뿐 아니라 엄청난 문장 실력을 쌓게 된다. 사실 교과목 가운데 성적을 한 번에 확 올리기 어려운 과목이 국어다. 그래서 꾸준히 책을 읽고, 문단을 나누고, 키워드를 찾고, 요약하는 훈련을 해야 한다.

다음으로 쓰기는 논술에 해당된다. 논술은 형식과 내용 모두 중요하다. 논술은 기본적으로 다른 사람에게 자기 생각과 아이디어, 주장을 논리적 근거를 들어 설명하는 설득의 목적을 가진다. 그래서 자기 생각과 주장이 분명해야 하고, 논리적 근거가 명확해야 하고, 논리적으로 설득할 수 있어야 한다. 논술의 형식에서 가장 많이 쓰는 것은 삼분법이다. 먼저 서론과 본론, 결론으로 나눈다. 본론은 세 가지 주장을 제시하고, 그 주장이 왜 나오게 되었는지 근거를 대고, 그 근거와 관련된 적절한 예시를 제시하는 형식을 따른다. 대부분의 사람은 삼분법에 익숙한데, 그 이상이 되면 읽는 사람의 집중력을 흐트러뜨릴 수 있다.

논술에서 서론은 읽는 사람이 주목할 수 있는 예화나 흥미로운 통계, 진솔한 삶의 이야기로 시작한다. 학교에서 학생들의 과제를 채점할 때 시작 부분이 흥미로우면 그 글을 정독하게 된다. 연설이나 설교도 마찬가지다. 도입부에 흥미를 유발하는 예화나 통계조사, 연설가나 설교자가 삶에서 겪은 일화로 시작하면 청중의 귀를 붙잡을 수 있다. 연설이나 설교를 시작하자마자 자기 하고 싶은 말을 하거나 곧바로 주제를 전달하면 청중의 집중도가 떨어진다.

본론에서는 자신이 주장하고 싶은 내용을 세 가지로 나눠 전달하되 자신의 주장에 자신이 있어야 한다. "~할 것 같다" "~할지도 모른다" "~일 수 있다" 등 애매하고 불확실한 표현은 사용하지 말아야 한다. 자기주장에 대해 확신을 가지고 명확하게 전달할 필요가 있다. 그리고 주장에 대해 논리적 근거를 제시하는 데 있어 일반화 가능성 여부를 항상 염두에 두어야 한다. 제시하는 논리적 근거가 자신과 주위 친구들만 수긍할 수 있다면 그것은 논리적 근거가 될 수 없다. 따라서 모든 사람이 어느 정도까지 수긍할 수 있는지 일반화 가능성을 계속 살펴야 한다.

논술의 주제는 사회 문제, 역사, 과학(생물·물리·화학·지구과학·자연환경), 종교, 예술과 미학, 스포츠, 정치와 리더십, 도덕과 윤리, 경제와 경영 분야에서 찾는다. 이때 각 분야에서 사용하는 용어를 익숙하게 활용하려면 평소 뉴스를 보고 신문 기사를 읽는 노력을 해야 한다.

또한 논리적 근거나 그에 따른 예시를 제시할 때 주요 인물을 언급하는 경우가 많다. 예를 들어 정치와 리더십 분야에 대한 예를 제시할 때 보통 미국의 링컨, 영국의 처칠, 남아프리카 공화국의 넬슨 만델라 등을 언급한다. 그런데 똑같은 주제로 논술문을 쓸 때 대중적으로 알려진 사람을 예시로 들면 평범한 글이 될 수 있다. 따라서 앞서 언급한 논술 주제의 각 영역에서 긍정적인 인물 5명 정도를 찾아 미리 정리해 둘 필요가 있다. 이때 일반 사람은 잘 모르지만 그 분야의 전공자들은 아는 저명한 모델을 찾는 것이 좋다.

어렵다는 생각이 드는가? 그렇다면 아시아와 아프리카, 유럽(동유럽·남유럽·북유럽)에서 모델을 찾으면 된다. 우리가 잘 아는 인물이 미국과 서유럽에 집중되어 있기 때문이다. 논술문 작성 시 본문에서 세 가지 주장과 근거, 그에 따른 예시를 제시할 때 논술 채점자가 모두 모르는 사람이면 조금 위험할 수 있으니 한 명은 우리가 익히 아는 모델을 제시한다. 그리고 나머지 두 명은 그 분야의 전문가들이 알 만한 모델을 제시하는 것이 창의적이고 참신한 논술문이 될 수 있다.

결론에서는 자신이 주장한 것을 다시 한 번 설명하고 요약한다. 이때 서론이나 본문에서 사용한 문장을 그대로 사용하지 말고 내용은 같되 다른 문장으로 만들어 제시한다. 그리고 여운을 남기는 감동적인 멘트나 지적 자극을 주는 멘트로 마무리하는 것이 좋다.

계속 강조하지만 논술은 평소 다양한 분야의 책과 글을 읽는 것이 중요하다. 그리고 논술의 각 주제별로 다양한 모델을 찾고, 그 모델이 어떤 업적을 남겼는지 그 사람과 관련된 책이나 전기, 자서전, 신문기사, 인터넷 기사들을 정독해 정리해 둘 필요가 있다.

마지막으로 말하기는 면접에 해당된다. 면접도 기술이 필요하다. 나는 박사 과정에서 인사행정을 전문적으로 공부하고 연구한 이 분야의 전문가로서 선발하는 사람의 입장에서 면접법을 설명해 보려고 한다. 대학 입시에서 면접을 볼 때 면접관의 입장에서 어떤 학생이 눈에 들어올까?

첫째, 예의 바른 학생이다. 면접관은 정중하게 인사하고 자리에 앉는 학생을 좋게 평가한다. 간혹 면접 도중 다리를 떠는 학생이 있는데, 면접 보는 동안에는 바른 자세로 앉아 말을 해야 한다. 면접관의 입장에서 면접 보는 태도가 좋지 않으면 예의가 없다고 느끼게 된다.

둘째, 자신감이 있지만 겸손하게 말하는 학생이다. 자신 없는 학생의 특징은 말끝을 흐리며 "그럴지도 모릅니다" "그럴 것 같습니다" "그럴 수도 있습니다"라는 불확실한 표현을 쓴다. 그리고 면접관의 눈을 못 맞추고 허공을 보거나 이쪽저쪽 시선을 피하면서 말한다. 반면에 자신감이 있는 학생은 목소리 자체에 힘이 있다. 또박또박 분명한 목소리로 "~입니다" "~해야 합니다"라며 자기주장을 정확하게 표현하고, 면접관의 눈을 쳐다보면서 말한다. 그러나 자신감이 지나치면 교만하다는 인상을 줄 수 있으니 자연스럽게 웃으면서 말하고, 면접관이 말할 때 고개를 끄덕이면서 호응한다. 면접관이 말할 때는 끝까지 듣고 나서 말해야지 절대로 중간에 끼어들면 안 된다.

셋째, 지원 동기를 확실하게 말하는 학생이다. 대학 입시의 경우 가장 중요하고 기본적인 면접 질문은 "왜 우리 학교에 지원했는가?" "다른 학교도 있는데 우리 학교에 지원한 이유가 무엇인가?"이다. 이 질문을 받으면 동기를 확실하게 밝히되, 자신의 진로와 연계해 자신감 있게 답변해야 한다. 왜 이 학교에 꼭 입학해야 하는지를 다른 학생들과 차별되게 창의적인 내용으로 답변하면 면접관의 관심을 끌 수 있다.

넷째, 논리적으로 말하는 학생이다. 면접관의 질문에 자기주장을 펼치면서 상대를 논리적으로 설득할 수 있어야 한다. 그러려면 논리적 근거를 제시해야 한다. 논리적 근거인지 아닌지를 판별하는 기준은 일반화 가능성이다. 자신이 제시하려는 논리적 근거가 일반화될 수 있는지 없는지를 판단하고 나서 말해야 한다.

다섯째, 비언어적 요소에 신경 쓰는 학생이다. 커뮤니케이션학에서 보면 언어적 의사소통보다 비언어적 의사소통이 듣는 사람에게 더 큰 영향을 주기 때문에 표정이나 눈 맞춤, 손짓, 자세 등에 신경을 써야 한다. 자연스러운 표정, 면접관을 쳐다보는 눈 맞춤, 자신의 주장을 펼칠 때 적절한 손짓, 반듯하게 앉은 자세 등을 적절히 활용하는 것이 좋다.

## 오답노트만 잘 해도 반은 성공! '수학 공부법'

많은 학생이 수학을 잘하고 싶어 한다. 개인적으로는 학창 시절에 가장 잘하고 싶은 과목이 수학이었다. 나는 인문 쪽에 공부의 재능이 있고 관심도 많아서 수학 공부가 상대적으로 가장 어려웠다. 친구들 중에 공부를 거의 하지 않아서 다른 과목 점수는 바닥인데 유독 수학을 잘하는 친구가 있었다. 그 친구는 공부를 안 해도 좋은 성적이 나와 신기했다. 논리수학 지능을 타고난 친구가 정말 부러웠다.

논리수학 지능이 뛰어나지 않은 나 같은 학생들은 좌절만 할 것인가? 그렇지 않다. 모든 교과목은 잘할 수 있는 나름의 방법이 있다. 아이가 공부를 못하는 것은 공부의 방법을 모르기 때문이다. 과목에 맞는 공부 방법을 찾아주면 성적이 오를 수 있다.

학원을 보내고 비싼 과외도 받게 하는데도 수학 점수가 오르지 않는 이유는 무엇일까? 학원이나 과외를 하면서 푸는 문제는 아이가 직접 푸는 것이 아니라 학원 선생님이나 과외 선생님이 푼 것이기 때문이다. 특히 학원에서는 1대 다수를 가르치기 때문에 학원 선생님이 일방적으로 칠판에 풀이 과정을 쓰면서 문제를 푼다. 그러면 앉아 있는 학생들은 선생님의 풀이 과정을 보면서 이해하려고 애쓴다. 이때 이해하는 학생이 있는가 하면, 이해하지 못하는 학생도 있다. 학원에서 선생님이 풀 때는 이해했는데, 이틀쯤 지나 같은 문제를 풀려고 하면 풀리지 않는 학생도 있다. 이틀 전에는 사실 선생님이 푼 것이기 때문에 푸는 방법을 잊어버린 것이다. 따라서 학교와 학원, 과외 시간에 아이들은 단지 이해하기 위해 노력했거나 구경했다는 사실을 알아야 한다.

수학 과목만큼은 예습보다 복습이 훨씬 더 중요하다. 특히 학교와 학원, 과외 시간에 선생님이 푼 문제를 수업한 날 바로 세 번 복습해야 한다. 복습할 때 선생님의 풀이 과정을 눈으로 쭉 따라 읽으며 이해하려고 하는 것이 아니라 노트에 자신이 직접 풀어 보아야 한다. 그리고 자신과 선생님의 풀이 과정을 비교해 보고 자신이 못한 부분을 찾는다. 이 과정을 한 번에 끝내지 말고 두 번 더 반복해 총 세 번 노트에 풀어 보아야 한다. 수학은 문제를 많이 푸는 것보다 한 문제를 정확히 이해하고 자기 것으로 만들어 비슷한 유형의 문제가 나왔을 때 틀리지 않는 것이 중요하다.

수학은 반드시 오답 노트를 만들어야 한다. 우리 아이들이 수학 공부하는 모습을 보면 잘 아는 개념의 문제, 익숙한 개념의 문제를 계속 푼다. 이런 잘못된 공부 방법을 바꿔야 한다. 수학 교과서나 학습서를 보면 앞부분만 시꺼멓다. 가장 먼저 펴보는 부분이기 때문이다. 그래서 수학 교과서 앞부분에 나와 있는 수학 개념(예: 집합)과 관련된 문제는 웬만큼 공부한 학생은 다 맞춘다. 많이 봐서 익숙한 개념이고, 풀어 봤던 문제라서 그렇다.

사실 이것은 우리의 무의식적인 공부 습관이기도 하다. 공부하겠다고 마음 먹고 나서 앞부분부터 시작하는 습관이 있다.

오래전 어떤 책을 읽다가 도중에 그만두었다면 그 책을 다시 읽을 때도 앞부분부터 읽기 시작한다. 교회에서 성경을 읽으라고 하면 창세기부터 시작하기 때문에 대부분의 성도가 다른 성경의 내용은 몰라도 창세기의 내용은 잘 알고 있다. 수학 시험을 분석해 보면 매번 틀리는 유형과 매번 맞추는 유형을 찾아낼 수 있다. 이미 개념을 완벽하게 이해하고 있어 어떤 문제든 잘 맞추는 단원은 공부하지 않아도 된다. 집합 문제를 잘 맞추는 학생은 집합을 죽어라 공부할 필요가 없다. 2차함수 문제를 잘 푸는 학생은 이 단원을 공부할 필요가 없다. 따라서 부모는 자녀가 수학 시험을 봤을 때 어떤 주제와 개념에서 나온 문제를 풀지 못하는지, 잘 푸는지를 파악해 두어야 한다. 그래야 수학 문제 풀이의 약점을 공략할 수 있다.

주로 틀리는 수학의 주제와 개념을 철저히 공부하고나서 관련 문제를 반복적으로 푼다. 시험을 보고 나면 항상 오답 노트를 만들어 문제를 쓰고 풀이 과정을 써서 반복적으로 보고, 앞서 설명한 대로 빈 노트에 반복적으로 같은 문제를 세 번 정도 풀고 정답 풀이 과정을 비교하는 방법으로 공부해야 한다. 그리고 시험 전날에는 이 오답 노트를 보면 된다. 귀찮고 힘들겠지만 오답 노트를 쓰고 확인하고 반복 체크하는 습관을 가지면 수학 성적이 오른다. 약점인 수학의 주제와 개념을 계속 공부하는 것이 흥미가 떨어지고 지루하겠지만 이 과정을 겪지 않으면 수학 성적을 올리기 어렵다는 것을 명심하라.

**공부하던 것과 반대로! '영어 공부법'**

부모와 학생들은 자주 영어를 잘하는 비결이 무엇인지 묻는다. 사실 영어를 잘하는 비결은 사람마다 다르고 영어 관련 책을 쓰는 저자마다 다르다. 이것은 영어를 잘하는 비결이 여러 가지라는 뜻이다.

연구한 바에 따르면 영어를 잘하는 비결은 연령에 따라, 영어를 쓰는 지역인지 아닌지에 따라 다르다. 태어나자마자 영어를 쓰는 문화권에서 자란 미취학 아이들이 영어를 잘하는 비결이 있고, 영어를 쓰는 문화권에서 자란 초등학교 아이들이 영어를 잘하는 비결이 있고, 영어를 쓰는 문화권에서 자란 중·고등학교 아이들이 영어를 잘하는 비결이 있다. 한편 영어를 전혀 쓰지 않는 문화권에서 자란 미취학 아이들이 영어를 잘하는 비결이 있고, 영어를 쓰지 않는 문화권에서 자란 초등학교 아이들이 영어를 잘하는 비결이 있고, 영어를 쓰지 않는 문화권에서 자란 중·고등학교 아이들이 영어를 잘하는 비결이 있다.

그중 우리나라 학생들은 영어를 쓰지 않는 문화권에서 모국어가 아닌 제1외국어로 영어를 배운다. 그래서 한국어로 생각하고, 한국어 어순에 익숙해서 영어가 바로 나오기보다 한국어로 생각하고 한국어 단어를 영어 단어로 바꾸어 말하는 번역 과정을 거치는 영어를 한다. 물론 이런 번역식 영어도 많은 훈련을 통해 머릿속에서 번역하는 시간이 짧아져 바로 말이나 글로 나올 수 있다. 어쨌든 우리나라 중·고등학교 아이들에게 맞는 영어 학습은 번역 과정을 거치는 영어 학습이다.

한국어를 영어로 번역하기 위해 필요한 것들을 살펴보면 영어 잘하는 비결을 찾을 수 있다. 바로 '단어'와 이 단어를 배열해 문장을 만들 수 있는 '문법'이다. 이 두 가지만 잘하면 번역식 영어를 잘할 수 있다. 먼저 단어의 경우 한국어를 영어로 바꿀 수 있는 암기법이 중요하다. 예를 들어 "나는 감자를 먹는다"라는 한국어 문장을 영어로 번역하려면 "나" "감자" "먹는다"는 영어 단어를 알고 있어야 한다. 그런데 우리 아이들이 영어 단어 외우는 방법이나 영어 단어 암기책을 보면 반대 순서로 되어 있다. 왼쪽에 한국어, 오른쪽에 영어로(예: 나-I, 감자-Potato, 먹는다-Eat) 되어 있는 것이 아니라 왼쪽에 영어, 오른쪽에 한국어로(예: I-나, Potato-감자, Eat-먹는다) 되어 있다. 그래서 번역식 영어가 아니라 독해식 영어가 된다.

독해식 영어는 영어 문장이나 지문을 보면 한국어로 무슨 뜻인지 이해하는 것인데, 이는 읽기(Reading) 시험에 익숙하게 만든다. 이런 독해식 영어를 통해 독해는 잘할지 모르지만 다른 영역(특히 말하기와 쓰기)에서는 실력 향상이 더디다. 반면에 한국어 단어를 보고 영어 단어를 바로 떠올리도록 단어 암기를 하면 번역식 영어가 된다. 이런 경우 말하기와 쓰기를 잘할 뿐 아니라 읽기와 듣기도 잘하게 된다. 이제부터 영어 단어를 암기할 때 왼쪽에는 한국어, 오른쪽에 그 한국어에 해당하는 영어를 쓰게 하자! "감자-Potato, 학교-School, 책-Book, 물-Water…"라는 식으로 말이다.

그리고 동의어와 반의어를 정리하는 것도 중요하다. 앞서 언급한 방법대로 왼쪽에 한국어, 오른쪽에 영어를 쓰면서 외운다. 동의어와 반의어를 많이 알면 표현이 풍부해져 영어 실력이 눈에 띄게 좋아진다.

그다음으로 번역식 영어에서 중요한 것은 한국어를 영어로 번역하기 위해 문장을 만드는 것이다. 영어 문장을 만들 때 필요한 것이 바로 영문법이다. '며칠 만에 문법 완성' '단기 속성 문법 완성' 등의 문구를 단 책이 많이 팔리고 있다. 아이들의 번역식 영어를 위해서는 이렇게 짧게 핵심만 정리되어 있는 문법책보다 최대한 두껍게, 이해하기 쉽게 자세히 설명되어 있는 문법책을 사는 것이 좋다. 이는 두꺼운 문법책을 다 외우라는 뜻이 아니라 참고서로 활용하라는 뜻이다. 문장을 만들 때 막히면 참고서로 찾아보고 이해한 뒤 문장을 만들면 된다.

사실 아이들뿐 아니라 어른들도 영어 문장을 길게 만들 수 있는 실력을 갖고 싶어 한다. 이것은 영문법에서 관계대명사, 분사구문, 전치사와 명사(구) 문법 부분을 자세히 읽고 이해하고 글을 쓰면 문장을 길게 만들 수 있다.

결론적으로 영어 공부를 할 때 번역식 영어 연습을 많이 해야 한다. 이 영어 학습법의 핵심은 작문, 즉 쓰기(writing)다. 매일 몇 문장이라도 꾸준히 쓰는 습관을 들여야 한다. 문장을 쓰다가 막히면 문법책을 활용해 읽고 이해하고, 다시 문장을 써 본다. 이런 노력을 지속하면 영어 도사가 될 수 있다.

흥미로운 것은 어떤 문장을 쓸지 한국어로 생각하고 영어로 쓰는 데 걸리는 시간이 자신의 영어 속도이자 실력이라는 사실이다. 한 문장을 쓰는 데 30분 걸렸다면 이것이 자신의 영어 속도이자 실력이다. 한 문장을 쓰는 데 10초도 안 걸린다면 원어민 수준의 영어 속도와 실력을 갖췄다고 말할 수 있다. 글을 많이 써 보면 문장을 만드는 시간이 점점 빨라지고 입가에 저절로 미소가 번질 것이다. 영어로 문장을 만드는 속도가 곧 말하는 속도다. 머릿속으로 만들어낸 문장을 글로 쓰면 쓰기가 되고, 말로 하면 말하기가 된다. 쓰기와 말하기 속도가 같기 때문에 쓰기를 잘하면 말하기도 잘하게 된다. 쓴 것을 읽으면 읽기가 되고, 들으면 듣기가 되는 것이다. 그래서 영어가 제1외국어인 아이들에게는 쓰기 중심의 번역식 영어 방법이 적합하다.

나는 유학을 가기 전에 어학 연수나 영어 과외를 한 경험이 없다. 그래서 미국에서 석사 과정을 밟을 때 걱정이 많았다. 석사 과정 첫 과목, 첫 시간에 얼마나 떨리고 긴장했는지 모른다. 그때는 아무리 집중해도 강의 내용 가운데 30퍼센트 정도밖에 알아들을 수 없었다. 하필 그 첫 시간에 교수한테 지목을 당한 나는 엉뚱한 말을 해서 망신을 당했다. 석사 과정 첫날부터 자신감을 잃어 한동안 미국 학생들 옆에 가지도 않았다. 그들이 말을 걸어 오면 무섭기까지 했다.

기숙사에 처박혀 지내며 다시 한국으로 돌아가야 하나 심각하게 고민했다. 그러다가 앞서 설명한 방법으로 영어 공부를 하기 시작했다. 이렇게 해야겠다고 계획하고 공부한 것이 아니라 그렇게 할 수밖에 없었다. 영어로 리포트를 써야 했기 때문에 '쓰기'에 집중할 수밖에 없었다. 당시 문법을 다시 공부할 시간이 없어 문법책은 참고서로 옆에 둔 채 문장을 쓰면서 안 써지는 부분이 있으면 찾아 확인하고 나서 다시 문장을 썼다. 내 기억으로 A4 용지 반 페이지 분량의 첫 과제를 끝마치는 데 5시간 정도 걸렸다. 한국어로 썼다면 20분도 안 걸렸을 과제였다. 처음에는 내 자신이 너무 한심하게 느껴졌지만 꾸준히 문법책을 찾고 확인하면서 글 쓰는 노력을 계속했다.

예전에 영어 단어를 외울 때 왼쪽에 영어, 오른쪽에 한국어를 쓰면서 외웠기 때문에 영어 단어가 나오면 한국어로 무슨 뜻인지 이해하는 것은 잘했지만 한국어를 영어로 바꾸어 표현할 때는 영어가 떠오르지 않아 무지 답답하고 힘들고 작문 하는 데 시간이 많이 걸렸다. 그래서 내 유학 경험을 바탕으로 새로운 영어 단어 암기법을 제시한 것이다. 이런 식으로 꾸준히 영어 쓰기를 하고 과제를 하면서 영어에 자신감이 붙고 쓰기 속도도 빨라졌다.

그래도 미국 학생들과 대화하는 것이 두려워 기숙사에서 하고 싶은 말을 머릿속으로 생각하고 말하는 연습도 했다. 벽에 대고 말하고 싶은 것을 한국어로 떠올리고 영어로 바꾸어 말하는 번역식 말하기 연습을 했다. 과장해서 말하는 거라고 생각하는 사람이 있을 수도 있겠지만 정말 벽 보고 말하다가 영어 말하기가 뚫렸다. 벽을 보고 말하든 거울을 보고 말하든 말하는 행위 자체가 중요하다. 이런 연습을 통해 학교에 가서 벽이 아니라 자연스럽게 미국 학생들과 대화할 수 있게 되었고, 그러면서 듣기도 잘하게 되었다. 쓰기가 잘 되자 영어 독해가 너무 쉽게 느껴졌다.

듣기와 관련되어 하나 더 이야기하고 싶은 것이 있다. 요즘 부모들은 아이들이 영어를 잘 듣도록 미국 영화와 드라마를 보게 하거나 영화와 드라마를 영어 교육 프로그램으로 만든 비싼 콘텐츠를 구입한다. 그런데 개인적으로 이런 방법보다 뉴스를 들려주는 것이 교육적으로 더 큰 효과가 있다고 생각한다. 영화나 드라마에는 문법식 영어가 아니라 축약형 영어, 구어체 영어가 나온다. 미국으로 이민을 가거나 미국에서 직장을 구하는 사람에게 필요한 생활 영어가 대부분이다.

공식적인 영어 시험을 준비해야 하는 우리 아이들의 영어 실력에 도움이 되는 것은 문법식 영어로, 정통 영어를 쓰는 뉴스를 듣게 하는 것이 낫다. CNN, ABC, AP, NBC 등 뉴스 채널 홈페이지나 앱을 통해 뉴스를 들을 수 있다. 짜투리 시간을 이용해 뉴스를 들을 때, 단어 하나하나에 주목하기보다 내용 위주로 듣는 것이 중요하다. 단어 하나하나에 신경 쓰다 보면 내용을 듣지 못한다. 한 문장, 한 문장 그 내용이 무엇인지 크게 이해하기 위한 훈련을 하면 듣기 실력을 향상시키는 데 훨씬 효과적이다. 뉴스 듣기를 하면 시사상식도 늘어 일석이조의 효과를 누릴 수 있다.

### 교과서 위주로 공부했어요! '암기 과목 공부법'

사회, 국사, 세계사 등 암기 과목은 교과서에 충실한 것이 좋다. .학창 시절에 암기 과목은 문제집을 풀기보다 교과서만 여러 번 정독했다. 암기 과목은 학교 시험이든 수능 시험이든 틀린 적이 거의 없었다. 요즘은 교과서에 그림 삽화가 많이 들어가 있어 재미도 있다. 그러므로 교과서를 정독하는 것이 가장 좋다. 어떤 학생은 교과서는 제쳐두고 문제집을 푸는데, 암기 과목은 문제집을 많이 푸는 것보다 교과서를 정독하는 것이 더 효과적이다.

암기 과목 가운데 학생들이 힘들어 하는 과목이 국사인데, 국사는 교과서를 정독하는 것이 가장 중요하다. 그다음으로 교과서 외에 재미있는 국사책을 따로 구입해 읽어 보는 것도 좋은 방법이다. 전문가가 감수했다면 만화로 된 국사책을 읽으면 좋은데, 국사를 잘하려면 일단 관심이 있어야 한다. 만화로 된 국사책을 읽으면서 우리나라의 역사 흐름을 크게 머릿속에 넣고, 역사와 관련된 영화나 사극을 보면 흥미를 가질 수 있다.

내용을 직접 정리해 보는 것도 좋은 방법이다. 고조선 시대부터 현대까지 그 흐름을 한눈에 볼 수 있도록 큰 종이를 마련해 왼쪽부터 오른쪽으로 수평선을 긋고 시대 순으로 주요 사건을 연도별로 체크한다. 사건에 대한 내용을 간단히 요약하고, 관련 유물이나 중요한 인물을 기록해 두면 우리나라의 역사 흐름을 파악하는 데 큰 도움이 된다.

그리고 종이 아래 부분에는 또 왼쪽부터 오른쪽으로 수평선을 긋고 우리나라 역사와 병행되는 세계사의 흐름을 체크하면서 국사와 세계사를 한번에 공부하는 것이 좋다. 세계사의 흐름에서 중요한 사건의 연도와 내용, 주요 인물 등을 체크해 둔다. 암기 과목은 달달 외우기 전에 우선 흥미를 갖는 것이 중요하다는 사실을 아이들에게 꼭 알려주라.

### 이론보다 실제가 중요하다! '과학 공부법'

과학은 용어 정리와 실험 정리가 중요하다. 과학은 용어에 대한 개념을 정리하고, 교과서에 실험과 관련된 부분이 많이 나오기 때문에 '과학 실험 노트'를 마련해 교과서와 자신이 푸는 문제집에 나오는 실험을 기록하고 정리해 둔다. 시험 공부할 때는 그 과학 실험 노트를 정독하고 이해하면 큰 도움이 된다.

또한 과학 자체에 관심을 가지도록 과학관을 탐방하는 것도 좋은 방법이다. 지역마다 과학관이 있고, 우리나라를 대표하는 큰 과학관도 있다. 가까운 곳에 있는 과학관부터 아이와 함께 탐방하고, 가족여행을 갈 때 과학관이 있는 지역을 선택해 직접 방문한다면 아이들은 과학 자체에 흥미를 가지게 될 것이다. 흥미를 가지면 공부하게 된다는 단순한 원리를 기억했으면 좋겠다.

1. '상생'의 가치를 가지고, '절대 평가'의 기준으로 아이를 바라보는 부모가 되자!

2. 아이들을 격려하고 긍정적인 자극을 주어 공부하도록 도와주는 부모가 되자!

3. 옆집 아이와 내 아이의 성적을 비교하지 않는 부모가 되자!

4. 지난 시험 성적보다 1점이라도 올랐으면 잘했다고 칭찬해 주는 부모가 되자!

5. 공부에 대한 인지를 '일'에서 '놀이와 쉼'으로 바꿔주는 지혜로운 부모가 되자!

6. 공부할 수 있는 분위기를 만들어 주고 아이와 함께 공부하는 부모가 되자!

7. 아이를 믿고, 아이가 학습을 주도하도록 격려하는 부모가 되자!

8. '공부해서 남 주자'라는 공부 동기를 심어주면서 삶에 열정을 불어넣는 성숙한 부모가 되자!

9. 열심히 공부해 하나님을 기쁘시게 하는 비전을 위한 사명자로 살고, 사회에 빛과 소금의 역할을 하는 인물을 키워내기 위해 노력하는 부모가 되자!

10. 효과적인 공부법을 알려주고 공부하도록 응원하는 부모가 되자!

# 6장
## 사자에게 신앙 멘토링을 하다

사춘기는 하나님에 대한 관심이 많아지고, 하나님을 찾게 되는 시기다. 입시 스트레스와 사춘기에 접어들면서 나타나는 몸과 마음의 변화에 따른 스트레스 등으로 힘들어하며 하나님의 도움을 간구한다. 미래에 대한 고민에 빠져 어떻게 살아야 하는지 하나님의 뜻을 구한다. 그러므로 부모는 이때 자녀에게 신앙교육을 해야 한다. 주의할 것은 친절하게 신앙교육을 하지 않으면 신앙교육이 아니라 강요가 될 수 있다는 점이다. 청소년기는 반항아적 기질이 발현되고 어른에 대해 비판적 시각을 가지는 시기인데, 주입식 신앙교육이 되거나 강압적 신앙교육이 되면 오히려 엇나가는 수가 있다. 하나님을 찾고, 하나님께 더 가까이 가려는 것이 아니라 아예 반대로 나아갈 수 있다. 따라서 청소년 자녀에 대한 신앙교육의 역할을 감당할 때는 친절하게, 따뜻하게, 자녀의 눈높이에 맞춰야 한다.

## 하나님을 인격적으로 만나는 기회를 제공하라

그리스도인들 가운데 상당수는 청소년기에 처음 하나님을 인격적으로 만났다. 중요한 것은 대부분 수련회를 통해 하나님을 만났다는 사실이다. 나 역시 고등학교 1학년 겨울방학 수련회 때 하나님을 인격적으로 만났다. 모태신앙으로 교회에 잘 다니다가 중학교 3학년 때 신앙적으로 방황하기 시작했다. '지금까지 믿어 왔던 하나님이 진짜 살아계신 하나님이 맞는 걸까' '지금까지 내가 믿어 온 것은 무엇인가'라는 생각이 들었다. 그리고 교회에서 "우리는 원래 죄인이다"라는 설교를 들으면 나처럼 착한 사람이 왜 죄인인지 도저히 인정할 수 없었다.

나의 하나님을 찾아보겠다는 생각으로 매일 "하나님이 살아계신다면 제발 제 눈앞에 나타나 주세요"라고 기도했다. 일 년 동안 "눈앞에 나타나기 전까지는 절대로 당신을 믿을 수 없어요"라며 반항적인 기도를 했다. 이런 기도를 드리면서 매일 하늘을 올려다보았다. 하나님이 살아계신다면 하늘에 나타날 것이라고 생각했기 때문이다. 당시 간절한 마음으로 하나님을 찾았지만 시간이 지나도 하나님이 나타나시지 않자 "하나님은 없다"라는 결론을 내리게 되었다. 그리고 더 이상 교회에 나가지 말고 내 힘을 의지하며 살자고 결심했다.

이런 방황 가운데 고등학교 1학년을 보내던 어느 날 구독하고 있던 기독교 신문에서 초교파적으로 전국 청소년 동계수련회가 열린다는 광고를 보게 되었다. 이 광고를 본 순간 이상하게 그 수련회에 가고 싶다는 충동이 일었다. 그래서 이 수련회를 마지막으로 나에게 나타나시지 않으면 더 이상 하나님을 믿지 않겠다고 결심했다.

수련회 첫째 날, 둘째 날이 지나고 드디어 마지막 날 저녁이 되었다. 하나님을 만나지 못해 빨리 집에 가야겠다는 생각으로 마지못해 자리에 앉아 있던 마지막 저녁집회 때, 드디어 하나님은 나를 만나주셨다. 마음이 불같이 뜨거워지면서 예수님이 내 안으로 들어오셨다. 나는 지금까지 지었던 죄와 하나님을 부정했던 죄를 진정으로 회개했고, 예수님이 나의 죄를 위해 십자가에 못 박혀 돌아가시고 사흘 만에 부활하심으로써 우리 인간의 죄가 씻어졌다는 사실을 믿게 되었다. 그러면서 "하나님은 살아계십니다. 이제는 하나님의 뜻대로 살겠습니다"라는 고백이 입에서 자연스럽게 흘러나왔다.

하나님과 만난 뒤 내 인생의 좌우명이 바뀌었다. 그전에 내 인생의 좌우명은 "나는 내 삶의 주인이며, 내 삶의 주관자다"였다. 이 좌우명을 내 방 곳곳에 붙여 놓았고, 필통에도 붙여 두었다. 그러나 하나님을 만나고 집에 돌아와 가장 먼저 좌우명을 바꾸었다. "예수님은 내 삶의 주인이시며, 내 삶의 주관자이시다." 예전 좌우명에서 주어가 바뀐 것이다.

이처럼 예수님을 만나면 인생의 주어가 바뀌게 된다. 그리고 자동적으로 하나님이 기뻐하시는 일이 무엇일까 생각하고 떠오르는 생각을 실천하게 된다. 문구점에서 큰 지도를 사서 색깔 스티커로 '복음화 지역, 미복음화 지역, 미전도 지역'을 표시

했다. 그리고 미전도 지역을 붙잡고 기도하기 시작했다. 혼자 기도한 것이 아니라 지도를 교회에 가지고 가서 친구들과 함께 기도했다.

얼마 뒤 하나님은 나에게 사명을 주셨다. 그 사명은 "너처럼 청소년 시절 신앙적으로 방황하고 힘들어 하는 학생들의 영혼의 생명을 살리라"는 것이었다. 그래서 지금까지 청소년 사역을 하고, 청소년 연구를 하고, 부모에게 청소년 양육에 대해 가르치고 있다.

그렇다면 어떻게 해야 하나님을 만날 수 있을까? 마음 문을 열고 집중해 하나님을 찾으면 된다.

> 볼지어다 내가 문 밖에 서서 두드리노니 누구든지 내 음성을 듣고 문
> 을 열면 내가 그에게로 들어가 그와 더불어 먹고 그는 나와 더불어 먹
> 으리라 계 3:20

예수님은 우리의 마음 문 밖에서 두드리고 계신다. 예수님은 인격적인 분으로 우리의 마음 문을 강제로 여시거나 문을 부수고 들어오시는 분이 아니다. 그저 문을 두드리신다. 그러면 누가 문을 열어야 할까? 내가 열어야 한다. 여는 주체도 나고, 열지 않는 주체도 나다. 그 문을 열 때 예수님은 우리를 만나주신다. 기쁘게 마음 문을 열면 예수님이 우리와 함께하신다. 기쁘게 마음 문을 연다는 것은 바로 간절히 하나님을 찾는다는 뜻이다.

너는 내게 부르짖으라 내가 네게 응답하겠고 네가 알지 못하는 크고
은밀한 일을 네게 보이리라  렘 33:3
너희가 온 마음으로 나를 구하면 나를 찾을 것이요 나를 만나리라
렘 29:13

## 하나님을 만나고 싶다는 열망을 심어주라

부모는 자녀가 하나님을 만날 수 있는 기회를 제공해야 한
다. 가장 쉬운 노력은 자녀를 교회 수련회에 보내는 것이다. 방
학 때도 학원에 가느라 수련회에 못 오는 아이가 정말 많다. 이
는 정작 중요한 것이 무엇인 줄 모르는 것이다. 우리 자녀의 주
관자는 하나님이시다. 학원, 과외 선생님이 아니라 하나님이
우리 자녀의 인생 발걸음을 인도해주시는 분임을 실제로 믿는
부모가 되어야 한다. 그렇다면 학원에 빠지더라도 자녀들을 하
나님과 만날 수 있는 가장 좋은 기회인 수련회에 보낼 것이다.

그리고 신앙적인 대화를 시도해 자녀가 하나님을 만나고 싶
다는 갈망을 가질 수 있도록 하자. 어릴 때부터 교회에 다닌 아
이일수록, 모태신앙일수록 신앙의 방황이 강하게 온다. 사실
방황이라기보다 나의 하나님을 찾는 것이다. 이때 부모는 "기
도 많이 해라" "성경을 많이 읽으라"고 지시하는 것이 아니라
부모가 하나님과 인격적으로 만났을 때의 경험을 함께 나눠야
한다. 이런 경험을 통해 자녀들은 간접적으로 하나님과의 만남

을 경험할 수 있고, 하나님을 더 찾고, 하나님과 인격적으로 만나고 싶다는 열망을 갖게 된다.

나는 종종 딸과 고등학교 시절 하나님과 인격적으로 만났을 때의 경험을 나눈다. 그러면 딸은 계속 "하나님과 만났을 때 어떤 기분이 들어요?" "하나님을 만난다는 것이 어떤 의미예요?" 하면서 여러 가지 질문을 한다. 그때 물음에 대한 답변을 해주면서 자연스럽게 신앙교육이 이루어진다. 다시 한 번 강조하지만 신앙교육의 핵심은 우리 자녀가 인격적으로 하나님을 만나는 것이다. 그러려면 자녀가 하나님을 뜨겁게 찾고 인격적으로 만나고 싶다는 열망과 열정을 가지도록 도와주어야 한다. 강압적인 신앙교육을 하면 그나마 있던 열정조차 사라지게 만들 수 있다는 점을 명심하라.

## 즐기는 신앙생활을 하도록 도우라

자녀에게 신앙교육을 할 때 강제적으로, 너무 엄격하게 하면 역효과가 난다. 부모의 잔소리와 엄격한 교육에 못 이겨 신앙생활을 하면 형식적이고 율법주의적인 신앙으로 흐르게 된다. 또한 즐거운 신앙생활이 되지 못한다. 부모가 엄격하게 신앙교육을 하면 부모에 대한 무서운 이미지가 하나님에 대한 이미지로 연결된다. 하나님을 무서운 분으로만 인식하게 된다는 뜻이다.

나는 여름마다 목회자 자녀 수련회를 개최하고 진행한다. 목회자 자녀들 가운데 엄격한 아버지 밑에서 신앙교육을 받은 경우가 꽤 많다. 이들을 상담해 보면 하나님을 친밀하게 인식하기보다는 무서운 하나님으로 인식하는 경향이 강하다. 그러다 보니 신앙생활이 즐겁지 않고, 벌을 받지 않기 위해 신앙생활을 하는 수동적이고 율법주의적인 신앙인의 모습을 보인다. 더 안타까운 점은 율법주의적인 신앙의 모습을 싫어하면서도 자신이 교육 받은 대로 다른 친구들에게 율법주의적인 신앙인의 모습을 주입하는 경우가 많다는 것이다.

예수님이 비판하신 유대 지도자들은 하나님을 물리적으로 두려워했다. 그래서 율법의 조항 하나하나를 모두 지키려고 했다. 율법의 핵심인 사랑을 전하는 것이 아니라 벌 받을까 봐 두려워 율법을 지켰던 것이다. 이런 신앙생활을 하면 하나님을 무서운 분으로 오해해 하나님과의 관계가 깊어질 수 없다. 그리고 사람은 보상심리가 있어 율법을 잘 지켰으니 복을 달라고 간구한다. 율법을 지키는 목적이 복이 되는 것이다. 이것을 '기복주의'라고 하는데, 복을 받고 싶어 율법을 지키고 신앙생활을 하는 사람이 많다.

유대 지도자들은 율법을 다 지키고 나서 우월감에 빠졌고, 율법을 지키지 못하는 사람들을 정죄했다. 정죄는 남을 내리고 자신을 높이는 것이기 때문에 명예와 관련이 있고, 이것 역시 보상심리가 작동한다. 따라서 율법주의와 기복주의는 동전의 양면이다. 우리는 예수님이 비판하신 유대 지도자들 같은 신앙생활을 하면 안 된다.

가장 좋은 신앙생활의 모습은 신앙 자체를 즐기는 것이다. 가장 불쌍한 신앙인은 신앙생활에서 해야 하는 것을 모두 하는데 행복하지 않은 사람이다. 부모가 이런 신앙인이 되면 안 되겠지만, 절대 자녀를 이런 신앙인으로 만들어선 안 된다. 부모가 먼저 즐기는 신앙인이 되고, 그 자녀가 즐겁게 신앙생활을 하도록 이끌어야 한다.

다윗 왕은 하나님의 말씀을 묵상하며 그분과 교제하는 시간을 너무 행복하고 즐거워하며 지켰다.

> 주의 말씀의 맛이 내게 어찌 그리 단지요 내 입에 꿀보다 더 다니이다 시 119:103
> 복 있는 사람은 … 오직 여호와의 율법을 즐거워하여 그의 율법을 주야로 묵상하는도다 시 1:1-2

우리는 헌금도 '즐겨' 해야 한다.

> 각각 그 마음에 정한 대로 할 것이요 인색함으로나 억지로 하지 말지니 하나님은 즐겨 내는 자를 사랑하시느니라 고후 9:7

여기서 '즐겨'는 '즐겁게'라는 뜻이다. 헌금도 즐겁게 해야 의미가 있고, 하나님은 헌금하는 자의 마음을 보시기 때문에 즐거운 마음으로 해야 그 헌금을 받아주신다. 헌금뿐 아니라 모든 신앙생활이 다 그렇다.

자녀들을 즐기는 신앙인으로 양육하기 위해 필요한 교육 방법은 모델링이다. 이는 부모가 모델이 되어 자녀가 그 모습을 보고 자연스럽게 따라오도록 하는 방법이다. 부모가 먼저 즐겁게 기도하는 모습, 열심히 성경 보는 모습, 열정을 다해 간절히 예배드리는 모습을 자녀들에게 보여 주어야 한다. 그러면 자녀들은 자연스럽게 부모의 모습을 따라 하게 된다. 부모가 하품하면서 성경을 읽고, 5분 기도하는 것도 힘들어 하고, 예배 시간에 꾸벅꾸벅 졸면서 자녀들한테 "성경 열심히 읽어라" "간절한 마음으로 기도해라" "예배 시간에 집중해라"고 말할 수는 없다. 부모가 즐기는 신앙인으로서의 모습을 보여야 자녀 역시 즐기는 신앙인으로 성장할 수 있다.

10년 전쯤 캐나다의 어느 청소년 집회에 강사로 참석했는데, 강의하는 시간 외에는 학생 상담을 했다. 그런데 상담했던 몇몇 학생이 놀랍게도 같은 이야기를 하는 것이다. 그들은 하나같이 "절대 우리 엄마 아빠한테 이야기하지 마세요"라고 말했다. 강사로 간 것이라서 당연히 그 아이들의 부모를 모르기 때문에 "너희 엄마 아빠가 누군지 모르니까 편하게 이야기해"라고 말했다.

그러면 학생들은 몇 번씩 확인하고 나서야 "교회에 다니기 싫어요"라고 말했다. 그 이유를 물으면 엄마 아빠가 교회에서는 신앙생활을 헌신적으로 잘하는 천사로 변하는데, 집에만 오면 온갖 인상을 쓰며 본래 모습으로 돌아간다는 것이다. 그런 이중적인 모습이 싫어서 교회에 나오기 싫다고 말했다. 자녀들이 외부에서 강사가 왔을 때 "상담 좀 해주세요. 저희 부모님이 누구인지 모르시지요?"라고 확인 받고 나서 이런 이야기를 한다는 점을 기억하기 바란다.

## 하나님 사랑, 이웃 사랑을 실천하는 자녀로 키우라

하나님이 택하신 백성으로 알려진 유대인은 다방면에 뛰어난 능력을 가져 모든 분야에서 두각을 나타내고 있다. 세계 인구의 0.2퍼센트 정도에 불과한 유대인이 노벨상 전체 수상자의 약 22퍼센트를 차지한다. 정치, 경제, 문화, 사회 등 모든 분야에서 세계를 이끄는 리더들 가운데도 유대인이 많다.

> 이스라엘아 들으라 우리 하나님 여호와는 오직 유일한 여호와이시니 너는 마음을 다하고 뜻을 다하고 힘을 다하여 네 하나님 여호와를 사랑하라 신 6:4-5

유대인 교육에 있어 핵심은 신앙교육이다. 위의 말씀은 유대인이 목숨처럼 지키는 말씀이여 우리 역시 목숨처럼 지켜야 하는 말씀이다. 유대인들은 작은 상자를 만들어 그 안에 말씀을 넣은 뒤 팔에 매고 이마에 달고 다닌다. 이것을 '테필린'이라고 한다. 그들은 통을 만들어 그 안에 말씀을 넣은 뒤 집 문설주에 달아 놓는데, 이것을 '메주자'라고 한다. 집 밖으로 나갈 때나 집에 들어올 때 메주자를 만지면서 이 말씀을 생각한다. 항상 이 말씀을 지키며 살기 위함이다.

유대인들은 팔에 말씀 통을 달아 우리가 수시로 시간을 보는 것처럼 수시로 팔에 있는 말씀을 기억하며 하나님을 사랑하는 것이 가장 중요한 일임을 잊지 않기 위해 노력한다. 외출할 때도 메주자를 보면서 그날 하루 하나님을 생각하고, 그분을 사랑하며 살아야겠다고 결심한다. 집에 들어올 때도 문설주에 달려 있는 메주자를 보면서 하룻동안 하나님을 얼마나 사랑했는지 생각하고 하루를 마무리한다.

## 전인격적으로 하나님을 사랑하도록 도우라

신앙은 하나님 사랑에서 출발한다. 하나님을 사랑하면 하나님을 믿게 된다. 그리고 하나님을 존경하고 경외하게 된다. 이 경외는 물리적으로 두려워하는 것이 아니라 너무나 존경해서 나오는 두려움이다. 나이 지긋한 어른들은 "스승의 그림자를 밟지 말라"는 말을 한다. 이것은 존경에서 나오는 두려움이다. '두려움'이라고밖에 표현할 수 없는 최고 존경의 감정이다. 경외의 시작은 사랑이다. 사랑하니까 존경하고, 존경하니까 경외하게 된다. 사랑하고 존경하고 경외하는 대상에게는 자기를 맞추는데, 사랑하는 사람한테 맞추는 것은 의무가 아니라 좋아서 그렇게 하는 것이다. 자연스럽게 그렇게 된다.

"마음을 다하고 뜻을 다하고 힘을 다하여"는 교육학적 표현으로 지성과 감성과 의지가 포함된 전인격이다. 우리의 전인격을 바쳐 하나님을 사랑해야 한다. 좋은 신앙생활은 지성과 감성, 의지를 모두 사용하는 것이다. 물론 지성과 감성, 의지는 통전적으로 연결되어 같이 작동하지만 지성을 주로 쓰는 신앙생활, 감성을 주로 쓰는 신앙생활, 의지를 주로 쓰는 신앙생활이 있다. 예를 들어 성경 읽기는 지성, 뜨겁게 통성기도하고 열정적으로 찬양하는 것은 감성, 말씀대로 실천하고 다른 사람을 섬기고 봉사하는 것은 의지를 주로 쓴다.

부모는 자녀들이 지성과 감성, 의지를 통해 전인격적으로 하나님을 사랑하는 신앙생활을 하도록 도와주어야 한다. 부모와 자녀가 함께 성경 읽기를 하면 좋은데, 이때는 즐거운 분위기에서 해야 한다. 매일 형식적으로 성경 읽기를 한다면 자녀도 재미없어 하고 교육적 효과도 거의 없다. 따라서 성경 읽기를 할 때는 좋은 분위기에서 하고, 매일 하기 어려우면 이틀이나 삼일에 한 번 해도 괜찮다. 성경 통독에 대한 가족의 목표를 세우거나, 성경 각 권을 통독할 때마다 맛있는 음식을 먹으면서 축제를 벌이는 이벤트를 계획해도 좋다.

청소년 시절 가장 기억에 남는 수련회는 고등학교 2학년 때의 성경통독 수련회다. 중·고등부 형과 누나, 친구, 동생들과 함께 밥 먹는 시간을 제외하고 나머지 시간은 성경을 읽었다. 그때는 성경을 읽어주는 앱이 있었던 것도 아니고, 녹음 CD도

없어 전도사님과 교사, 학생들이 모두 돌아가면서 성경을 읽었다. 성경 읽는 것은 힘들었지만 끝마치고 난 뒤의 감격을 지금도 생생히 기억한다. 함께 목표를 정한 뒤 즐거운 분위기에서 진행된 성경 읽기는 의미와 가치가 있는 신앙 훈련이 된다. 읽은 말씀에 대해 가족 카카오톡을 이용해 느낀 점, 배운 점, 깨닫고 결심한 점을 나누어도 좋다. 길면 부담스럽고 오래가지 못할 수 있으니 한 문장으로 간단히 올리면 된다.

다음으로 감성을 주로 쓰는 통성기도와 찬양은 부모와 함께할 때 가능하다. 이것은 잔소리한다고 되는 것이 아니다. 나는 딸과 함께 찬양할 때는 평소보다 더 크게 찬양하고, 유치하지만 율동도 같이 한다. 내가 더 신나게, 적극적으로 율동하면 딸은 내 모습을 보고 웃으면서 자기도 열심히 따라 한다.

마지막으로 의지를 주로 쓰는 말씀대로 실천하고 봉사하는 삶을 살기 위해서 정기적으로 힘들고 소외된 사람을 만나는 기회를 마련해 주면 좋다. 단순히 어려운 사람을 도우러 가자고 하면 자녀의 입장에서는 하기 싫을 수도 있다. 그때는 밖에 나가 바람을 쐬고 삶의 여유를 가지는 것과 봉사하러 가는 것을 연결하면 좋다.

학창 시절에 아버지는 종종 어렵고 소외된 사람들이 함께 사는 기관에 나를 데리고 가셨다. 처음에는 바람 쐬러 가자고 하셔서 좋아했는데, 알고 보니 봉사하러 가는 것이었다. 그래서 다음에는 안 가겠다고 말했지만 차를 타고 가면서 기분 전환도 되고 봉사하고 나니 보람이 느껴져 마음을 바꿔 아버지를 따라다녔다. 또 봉사를 끝내고 나면 아버지가 맛있는 저녁을 사 주셔서 그날 하루를 기분 좋게 마무리하곤 했다. 그러면서 봉사의 기쁨을 알게 되었고, 어렵고 소외된 사람들을 예수님의 마음으로 품고 섬김의 삶을 살아야겠다고 결심하는 계기가 되었다.

## 하나님 사랑이 이웃사랑으로 향하도록 도우라

기독교 신앙은 하나님 사랑과 이웃 사랑이 연결되어 있다. 하나님을 사랑하는 자는 이웃을 사랑하게 되어 있다.

> 누구든지 하나님을 사랑하노라 하고 그 형제를 미워하면 이는 거짓말하는 자니 보는 바 그 형제를 사랑하지 아니하는 자는 보지 못하는 바 하나님을 사랑할 수 없느니라 요일 4:20

예수님도 하나님 사랑, 이웃 사랑을 가장 큰 계명이라고 말씀하셨다. 이웃의 개념은 나 외에 다른 사람이므로 먼저 자신과 가장 가까이에 있는 가족부터 사랑해야 한다. 그리고 친한 친구를 사랑하고 이웃을 사랑하면서 그 범위가 동심원 구조로 넓어지면 결국 예수님이 마태복음 5장 44절에서 말씀하신 것처럼 원수까지 사랑하는 사람이 된다.

부모는 자녀를 가장 가까이에 있는 사람부터 품고 사랑할 수 있도록 키워야 한다. 그러려면 공감할 수 있는 자녀가 되어야 한다. 여기서 공감은 상황과 감정을 공유하고 자기 삶에 재현하는 것이다. 길 가다가 노숙자를 보고 단순히 불쌍하다는 생각이 들어 돈을 주었다면 그것은 '동정'이다. 이 감정에는 '나는 아닌데…'라는 전제가 깔려 있다. 한편 '공감'은 그 노숙자의 상황과 감정을 자기 것으로 받아들이고 머릿속으로 '저 사람의 마음은 어떨까?' '나도 몇 년 전에 경제적으로 힘들었는데 그때 내 심정과 같을까?' '내가 저 사람의 상황이면 어떨까?'라고 재현해 보는 것이다.

예수님은 공감 능력이 탁월하신 분이다. 요한복음 11장에 보면 예수님이 가깝게 지내던 가족이 있었다. 마리아와 마르다, 나사로 가족이었다. 그런데 나사로가 중병에 걸려 죽게 되자 그의 가족들이 예수님에게 사람을 보내 병을 고쳐 달라고 요청했다. 이 요청을 받은 예수님은 바로 가지 않고 나사로가 죽기를 기다리셨다. 예수님의 계획은 죽은 나사로를 살리는 것이었기에 제자들에게 나사로를 깨우러 간다고 말씀하셨다.

나사로의 집에 도착했을 때 그는 죽은 지 나흘이 지나 있었다. 마리아와 마르다는 예수께 서운한 감정을 표했고, 조문하러 왔던 사람들은 슬퍼 울고 있었다. 그 모습을 보고 예수님은 "믿음이 없는 자들아, 내가 살리러 왔다"라고 말씀하지 않으셨다. 예수님은 슬퍼하는 사람들을 보고 같이 슬퍼하면서 우셨다. 죽은 나사로를 애도하는 사람들의 슬픔에 공감하고 함께 우신 것이다. 공감하시는 예수님처럼 우리도 다른 사람들, 특히 어렵고 힘들고 외로운 사람들의 감정을 공감할 수 있어야 하고, 자녀를 공감할 수 있는 사람으로 키워야 한다. 우리는 공감할 때 다른 사람을 사랑할 수 있다.

공감을 잘하려면 이야기를 잘 들어 주어야 한다. 다른 사람의 이야기를 듣는 시간을 많이 가져야 한다. 친구들의 이야기를 들어 주느라 시간 가는 줄 모르는 사람들이 있는데, 좋은 삶의 자세라고 할 수 있다. 부모는 자녀가 자기 일, 자기 공부에만 몰두한 채 시간을 보내는 것이 아니라 어떤 문제로 힘들어하거나 어려움에 처한 친구가 있으면 만나 이야기를 들어 주라고 교육해야 한다. 그리고 집에 친구들을 데리고 오는 것을 흔쾌히 허락해 주어야 한다. 무엇보다 '고기도 먹어 본 자가 먹는다'고 부모가 자녀의 이야기를 많이 들어 주고 공감해 주어야 자신이 사랑받고 있음을 느끼고, 그 힘으로 다른 친구들의 이야기를 듣고 공감해 주고 사랑해 줄 수 있다.

하나님 사랑, 이웃 사랑이라는 신앙의 가장 큰 내용을 삶 가운데 내면화해 자연스럽게 실천하며 살아가는 자녀로 키우기를 소망한다. 하나님 사랑, 이웃 사랑을 실천하며 살아가는 사람이 가장 행복하다.

## 예배를 소중히 여기는 자녀로 키우라

신앙교육에서 가장 핵심이 되는 것이 바로 예배다. 하나님은 진정한 예배자를 찾으시고, 예배를 잘 드리는 사람을 인정하신다. 역사서에서 하나님께 인정받은 왕은 다윗, 솔로몬, 요아스, 요시야로 모두 성전과 관련이 있었다. 다윗은 성전을 짓도록 준비했고, 솔로몬은 성전을 지었고, 요아스와 요시야는 성전을 수리하고 정화했다. 성전은 예배를 드리는 곳으로, 하나님은 예배를 소중히 여기며 사모하는 자를 인정하신다.

다니엘은 하나님의 성전을 사모해 매일 아침 예루살렘 성전이 있는 곳을 향해 기도를 올렸다. 그에게는 기도가 바로 예배였다. 다니엘 6장에 보면 다리오 왕 때 총리가 된 다니엘을 시샘하는 사람이 많았다. 그들은 다니엘의 단점을 찾고자 했는데, 그의 유일한 단점은 바벨론 사람들이 숭배하는 신이 아니라 여호와 하나님을 믿는다는 것이었다. 그래서 누구든지 30일 동안 왕 외에 다른 신에게 기도하거나 절하면 사자 굴에 집어넣는 법안을 만들어 왕에게 가져온다. 왕의 입장에서는 자신을 신의 대리자로 인정하고 왕권을 강화하는 데 있어 좋은 기회였기 때문에 그 법안에 도장을 찍었다. 다니엘은 왕이 그 법안을 승인한 것을 알고도 계속 기도했다.

> 다니엘이 이 조서에 왕의 도장이 찍힌 것을 알고도 자기 집에 돌아가서는 윗방에 올라가 예루살렘으로 향한 창문을 열고 전에 하던 대

로 하루 세 번씩 무릎을 꿇고 기도하며 그의 하나님께 감사하였더라

단 6:10

놀라운 것은 다니엘이 반대파가 감시하고 있음에도 창문을 열고 기도하고 예배를 드렸다는 사실이다. 다니엘에게 있어 기도와 예배는 목숨보다 귀한 것으로 절대 멈출 수 없었다. 결국 다니엘은 순교하기로 작정하고 사자굴에 들어갔다.

## 예배의 소중함을 일깨워주라

그리스도인 부모는 예배의 소중함을 알고 예배를 귀하게 여겨야 한다. 그리고 자녀들에게 모든 것보다 우선해 예배를 가르치고, 예배의 소중함을 일깨워 주며, 예배드리는 삶을 알려 줘야 한다. 예배학에서 말하는 예배와 개인적으로 생각하는 예배를 종합해 보면 예배는 '성부 하나님께서 우리를 만드시고 온 세상 만물을 만들어 주신 창조의 은혜, 성자 예수님이 죄로부터 해방시켜 주신 구원의 은혜, 성령 하나님이 우리와 함께 계셔서 우리를 인도하고 보호하고 도와주시는 은혜에 감격해 삼위일체 하나님께 올려드리는 찬양과 감사의 의식과 예식'이다. 그러므로 예배는 우리를 하나님께 맞추는 것이다.

우리는 주일에 예배를 드리러 올 때 일주일 동안 힘든 일로 받은 스트레스를 해소하고 싶다거나 억울한 일을 당해 위로받

고 싶다는 등의 기대를 갖고 있다. 그러나 예배 시작종이 울리면 자신의 상황과 감정은 중요하지 않다. 오직 하나님께 우리를 맞추고 그분을 찬양하며 그분께 감사해야 한다. 그렇게 예배드리고 나서 우리 마음이 위로받고, 마음에 기쁨이 싹트고, 세상에 대한 억울함이 풀리는 것은 예배의 결과로 우리에게 주신 하나님의 은혜이자 보너스다. 우리는 그 보너스가 아니라 하나님을 찬양하고 감사하는 것에 주목해야 한다.

요즘 중·고등부 예배에 가 보면 한 번만 교회에 나오라고 아이들에게 애원하는 교사가 많다. 믿는 부모들 가운데서도 주일에 아이들을 교회가 아닌 학원으로 보내는 경우가 많은데, 중직자 자녀들도 예외가 아니다. 자녀들이 좋은 대학에 가는 것도 중요하지만, 좋은 대학에 간다고 모든 것이 끝나는 것이 아니다. 대학 이후 우리의 전체 삶 그리고 영원의 관점에서 우리 자녀의 삶을 봐야 한다.

고등학교 3학년이 되면 주일 예배에 빠지면서 "좋은 대학에 가면 교회 나와 열심히 봉사할게요"라고 말하는 아이들이 있다. 과연 좋은 대학에 간다고 그 학생이 교회에 와서 열심히 봉사할까? 신앙은 올라가거나 내려가거나 둘 중 하나다. 고등학교 3학년 때 주일 예배에 빠지고 신앙생활을 제대로 못 하면 신앙은 내려갈 수밖에 없다. 그러면 대학 가서 교회에 다시 나오는 것이 아니라 교회를 떠나게 된다. 성경에 수험생은 주일 예배에 빠져도 된다고 어디 나와 있는가!

부모가 먼저 예배를 소중히 여기고 우선순위에 두어야 한다.

그리고 자녀들이 예배를 잘 드리도록 도와주어야 한다. 특히 중·고등부 예배에 꼭 참석하게 해야 한다. 주일 오전에 학원을 보내야 해서 오전 1부 어른 예배에 참석시키고 바로 학원 보내는 부모가 있다. 물론 안 드리는 것보다 낫지만 형식적으로 참여할 확률이 높고, 이런 경우 자녀는 또래 공동체 안에서 드리는 예배를 경험하지 못하게 된다. 또래 공동체 안에서 드리는 예배를 통해 무의식적·의식적으로 배우는 것이 많기에 부모는 자녀가 중·고등부 예배에 참여하도록 도와주어야 한다.

본질은 정확히, 비본질은 자녀에게 맞춰주는 부모가 존경받는다. 우리는 본질과 비본질 모두 자녀에게 맞춰주면 좋은 부모가 된다고 생각하는데, 이것은 착각이다. 자녀들은 이런 부모를 존경하지 않는다. 본질도 정확히, 비본질도 정확히 하는 부모는 자녀에게 꼰대 소리를 듣게 된다. 본질은 정확히 알려주고, 비본질은 자녀에게 맞춰주면 된다. 본질을 정확히 알려줄 때 아이들은 부모를 존경한다. 예배는 본질이다. 자녀에게 예배를 정확히 알려주고, 예배를 잘 드리도록 교육하는 부모가 되기 바란다.

## 가정예배는 자녀의 눈높이에 맞추라

교사대학이나 교사 세미나를 인도해 보면 '가정예배'를 어떻게 드려야 하는지에 대한 질문을 많이 받는다. 교회학교의 중요한 과제는 교회와 가정을 연계해 기독교 교육을 하는 것인데, 가정에서 할 수 있는 기독교 교육의 가장 좋은 방법이 바로 가정예배다. 그런데 이 가정예배가 잘 이루어지지 않으니 문제다.

교회학교의 목회자와 교사들이 시간과 공을 들여 아무리 좋은 가정예배 교재를 만들어도 가정에서 실제로 이루어지는 경우는 열 가운데 하나라고 한다. 부모들은 "아이가 바빠서 한자리에 모여 예배드리는 것이 너무 힘들어요" "자녀들과 예배드리다가 너무 스트레스를 받아 차라리 안 드리는 게 나을 정도예요"라고 말한다.

요즘 코로나19로 많은 가정에서 부모와 자녀가 함께 온라인 예배를 드리는데, 부모들의 반응은 한결같다. 늦잠 자는 애를 깨워 온라인 예배를 드리기 위해 컴퓨터 앞에 앉히는 것 자체가 큰 스트레스이고, 예배드리는 태도 때문에 잔소리하다가 지친다는 것이다. 자녀의 입장에서 보면 엄마 아빠 잔소리 때문에 스트레스를 받아서 함께 예배드리고 싶지 않다는 것이다. 그렇다면 어떻게 해야 할까?

한 제자는 기독교 가정에서 태어나 어린 시절부터 매일 가정예배를 드렸다고 한다. 그런데 지금 결혼해 아이를 양육하면서 가정예배를 드리지 않는다고 했다. 누구보다 하나님을 잘 믿고 신실한 제자라서 왜 가정예배를 드리지 않는지 궁금했다. 제자는 "학창 시절 율법주의적인 가정 문화에서 내 의사와 상관없이 무조건 가정예배를 드려야 하는 것이 너무 힘들었어요.

예배 시간에 한 마디도 할 수 없고, 매일 부모에게 순종해야 한다는 뻔한 이야기를 들으면서 형식적으로 드리는 가정예배에 부정적인 생각을 가지게 되었어요"라고 대답했다. 이런 사례를 보면 가정예배를 드리는 것도 중요하지만 잘 드리는 것이 훨씬 더 중요하다는 것을 알 수 있다.

그렇다면 어떻게 해야 가정예배를 잘 드릴 수 있는지 다르게 접근하고자 한다. 보통은 가정예배를 잘 드리기 위해 어떤 내용을 가지고, 어떤 교재를 가지고 가정예배를 드려야 하는지 고민한다. 그러나 나는 어떤 내용을 가지고 예배를 드려야 하는지보다 어떻게 해야 자녀들의 눈높이에 맞출 수 있는지를 고민해야 한다고 강조하고 싶다.

앞서 자녀들이 부모에 대해 "옳은 말을 기분 나쁘게 하는 분이다"라고 정의한 것을 기억하는가? 이 말을 통해 사춘기 아이들의 특징을 정확히 알 수 있다. 아이들에게는 옳은 말이 중요한 것이 아니라 말의 전달 방식이 중요하다. '옳은 말'은 '내용'이고, '말의 전달 방식'은 '형식'이다. 아이들은 형식이 자기 마음에 들어야 내용을 듣고 받아들인다. 아이들에게는 형식이 내용보다 우선한다. 그래서 아이들 교육을 잘하려면 형식에 신경을 더 써야 한다.

쉬운 예로 무엇을 가르칠지에 대한 교육 커리큘럼이나 교육 과정보다 어떻게 가르칠지에 대한 교육 방법이 더 중요하다. 아이들은 교육 방법이 자신들의 눈높이에 맞아야 교육 커리큘럼을 살펴보고 공부한다. 예배에서도 설교 내용이 아무리 좋아도 설교 방법이 아이들의 입장에서 고리타분하거나 자신들의 눈높이에 맞지 않으면 지루해 하며 딴짓을 한다.

가정예배를 드릴 때 어떤 커리큘럼으로, 어떤 본문으로, 어떤 주제로 할 것인지 고민하기보다 어떻게 아이들의 형식에 맞출 것인지를 고민해야 한다.

### 가정예배의 형식

가정예배에서 아이들의 눈높이를 맞추는 형식을 살펴보자.

첫째는 '기분 좋게'다. 아이들이 가정예배를 싫어하는 가장 큰 이유는 기분 좋은 시간이 아니라고 느끼기 때문이다. 예배가 형식적으로 흐르고, 자녀의 입장에서 잔소리 듣는 시간이 되면 아이들은 가정예배에 대한 기대감이 사라진다. 그러므로 가정예배는 즐거운 시간이 되어야 한다. 이때 부모의 역할이 큰데, 일단 가정예배를 드리기 전 아이들의 기분을 좋게 해야 한다. 아이 때문에 화나는 일이 생겨도 참아야 한다. 맛있는 저녁을 먹고 좋은 이야기를 나누면서 아이의 기분을 맞춰 주어야 한다. 가정예배를 드리는 시간도 축제처럼 즐거운 분위기를 조성해야 한다. 엄숙하거나 진지하지 않아도 된다. 가정예배의 분위기는 전체적으로 밝으면 좋다. 아이한테 가정예배가 즐거운 시간, 기분 좋은 시간, 잠깐의 쉼을 가지는 시간으로 자리 잡도록 부모가 이끌어야 한다.

둘째는 '짧게'다. 가정예배 시간이 길면 아이들의 집중력은 확 떨어진다. 10~15분이 가장 좋다. 가정예배 시간은 아이들이 너무 짧다고 말할 때 늘리면 된다.

셋째는 '다양하게'다. 가정예배의 내용은 다양할수록 좋다. 구체적인 예를 들면 주일 예배의 순서 하나하나를 가져와서 하면 된다. 찬양, 말씀, 기도를 번갈아 가면서 그 내용을 다양하게 바꿔 보는 것이다. 월요일에는 아빠가 좋아하는 찬양을 골라 좋아하는 이유를 나누고 함께 불러 본다. 그다음 주 월요일은 엄마가 좋아하는 찬양으로, 그다음 번에는 아이가 좋아하는 찬양으로 번갈아 가며 찬양을 선정해 나누고 함께 찬양하면 된다. 화요일에는 성경 한 장 읽기를 하고, 수요일에는 말씀묵상과 나눔을 한다. 목요일에는 가족의 기도 제목을 돌아가면서 나누고, 금요일에는 중보기도를 여러 영역(학교, 직장, 교회, 국가, 세계 등)으로 나눠서 한다. 토요일에는 유튜브를 통해 성경과 관련된 좋은 영상을 함께 시청한다. 주일에는 하나님께 짧게 감사편지를 쓰고 그 내용을 나눈다.

넷째는 '재미있게'다. 가정예배 때 자녀의 입장에서 재미를 느낄 수 있는 방법을 도입하면 좋다. 예를 들어 세계선교를 위한 중보기도를 할 때 핸드폰을 가져오게 해서 기독교 신자 비율이 낮은 국가를 각자 찾아 나누고, 그 국가를 위해 기도하는 것은 어떨까? 토요일 가정예배로 제시한 유튜브 영상 보는 것도 '재미있게'라는 원칙을 적용한 것이다.

이렇게 아이들의 눈높이에 맞는 형식을 통해 가정예배를 드리면 아이들도 흥미를 가지게 된다. 가정예배를 잘 드리기 위해 부모는 일방적으로 강요할 것이 아니라 그 시간을 행복한

시간, 기쁨의 시간으로 만들어야 한다. 그래야 자녀들도 가정
예배를 드리고 싶다는 생각을 갖게 된다. 짧은 시간이지만 지
속적으로 이루어지는 가정예배를 통해 하나님을 기쁘시게 하
고, 가족이 참된 쉼을 누리고 관계가 끈끈해지기를 소망한다.

## 우선순위의 기도를 훈련시키라

기도의 내용은 그 사람의 신앙의 수준을 대변한다. 기도의
내용은 크게 '하나님의 뜻을 구하는 기도'와 '생활의 염려 가운
데 필요를 간구하는 기도'로 나눌 수 있다.

우리의 기도를 객관적으로 분석해 보면 하나님의 뜻을 구하
는 기도보다 생활의 염려 가운데 필요를 간구하는 기도에 치우
쳐 있음을 발견한다. 물론 간구하는 기도도 중요하다. 그러나
예수님은 먼저 해야 하는 기도, 즉 우선순위의 기도가 있음을
가르쳐 주신다.

생활의 염려 가운데 필요를 간구하는 기도를 살펴보면 우리
는 염려하면서 그 염려를 해결하기 위한 필요를 간구한다. 그
러나 예수님은 염려하지 말라고 말씀하신다.

> 그러므로 염려하여 이르기를 무엇을 먹을까 무엇을 마실까 무엇을 입
> 을까 하지 말라 이는 다 이방인들이 구하는 것이라 너희 하늘 아버지께
> 서 이 모든 것이 너희에게 있어야 할 줄을 아시느니라  마 6:31-32

'무엇을 먹을까 무엇을 마실까 무엇을 입을까' 하는 기도, 생활의 염려 가운데 필요를 간구하는 기도는 최우선순위가 되어선 안 된다. 왜일까? 그 답은 이방인도 이런 기도를 드리기 때문이다. 이 기도는 하나님이 정말 원하시는 그리스도인의 기도가 아니다.

## 생활의 염려 가운데 필요를 간구하는 기도

'이방인'은 하나님 안 믿는 사람을 뜻한다. 하나님을 안 믿는 사람도 생활의 염려 가운데 생겨난 필요를 자신이 믿는 신에게 구한다. 복을 달라고 기도한다. 건강을 허락해 달라고 기도한다. 돈을 달라고 기도한다. 시험을 잘 보게 해 달라고 기도한다. 좋은 직장에 취업할 수 있기를 기도한다. 이는 염려와 고난을 피하고 싶은 인간의 본능에서 나오는 기도다.

생활의 염려 가운데 필요를 간구하는 기도에 목숨을 걸 필요가 없는 이유 중 하나는 하늘 아버지께서 이 모든 것이 우리에게 있어야 할 줄을 이미 알고 계시기 때문이다. 생활의 염려를 해결하기 위해 우리에게 무엇이 필요한지 하나님은 이미 알고 계신다. 우리가 염려 가운데 무엇을 달라고 하나님께 기도하기 전에 하나님은 이미 무엇이 필요하고, 무엇을 달라고 기도할 것인지 다 알고 계신다. 기도하기 전에 하나님은 우리에게 돈이 필요한지, 먹을 것이 필요한지, 직장이 필요한지, 집이 필요한지, 자동차가 필요한지, 자녀의 대학 입학이 필요한지 다 아신다.

하나님은 나보다 나를 더 잘 아시는 분이다. 나보다 나를 더 정확하게 파악하고 계신다.

> 너희에게는 심지어 머리털까지도 다 세신 바 되었나니 두려워하지 말라 눅 12:7

하나님은 우리의 머리털 개수가 몇 개인지도 알고 계신다. 우리가 가진 염려의 내용, 염려를 해결하기 위해 필요한 세상적인 것, 세상을 살아가면서 무엇을 먹을지, 무엇을 마실지, 무엇을 입을지 하는 문제까지 다 알고 계신다.

물론 이런 생활의 염려 가운데 필요를 간구하는 기도를 하지 말라는 뜻은 아니다. 표현하는 것도 중요하다. 어린 시절 아버지는 내가 무엇이 필요한지 다 알고 계셨다. 그때는 얼굴에 감정이 잘 나타나고, 뭐가 필요한지도 잘 나타난다. 아버지는 얼굴 표정만으로도 내 필요를 알고 "너 용돈 필요하지?"라고 말씀하셨다. 그때 "아니에요, 괜찮아요"라고 말할 것이 아니라 "네, 정말 용돈이 필요해요"라고 말하면 된다.

생활의 염려 가운데 필요를 간구하는 기도도 마찬가지다. 하나님은 이미 우리의 필요를 알고 계시지만, 우리 입으로 표현하고 부탁드리는 것이 의미가 있다. 그러나 '하나님은 내가 얼마나 힘든지, 내가 얼마나 염려하는지 모르실 거야. 나에게 무엇이 필요한지도 모르실 거야. 그러니 내 필요에 목숨을 걸고 하나님께 매달려야지'라고 생각하면서 생활의 염려 가운데 필요를 간구하는 기도에 온 신경과 에너지를 집중할 필요가 없다. 그 기도가 전부가 아니기 때문이다. 우선적으로 해야 하는 기도가 아니기 때문이다.

하나님이 정말 좋아하시는 기도, 하나님이 우선적으로 간구하기를 원하시는 기도는 '하나님의 나라와 하나님의 의를 구하는 기도'다(마 6:33). 이 기도를 좀 더 쉽게 설명하면 '하나님의 뜻을 구하는 기도'다.

성경에서 "하나님의 나라"는 하나님의 통치, 하나님의 임재를 뜻한다. 그리고 "하나님의 의"는 예수 그리스도를 믿음으로써 죄 씻음을 입어 죄가 없는 상태가 되는 것을 뜻한다. 따라서 자신을 비롯해 가족과 학교, 직장, 교회, 사회, 국가, 전 세계가 하나님의 통치와 하나님의 임재를 경험할 수 있도록 기도해야 한다. 또한 예수 그리스도를 믿음으로써 죄 씻음을 입어 죄가 없는 상태가 되고, 하나님의 평화와 정의가 실현되도록 기도해야 한다. 다시 말하면 주기도문에서 하신 예수님의 기도처럼 하나님의 뜻이 하늘에서 이루어진 것처럼 땅에서도 이루어지게 해 달라고 기도해야 한다.

이 기도를 하기 위해서는 하나님의 뜻을 구하고 하나님의 뜻을 들어야 한다. 하나님의 뜻을 구하는 기도를 우선순위에 놓고 간절히 기도하면 생활 가운데 필요한 것을 하나님이 채워 주어 염려의 문제를 해결해 준다고 약속하신다.

## 솔로몬의 기도

열왕기상 3장에 나온 솔로몬은 왕이 되고 나서 일천번제를 드렸다. 이것은 쉬운 일이 아니다. 우리는 힘든 일이 있을 때, 뭐 필요한 것이 있을 때는 신앙생활을 잘한다. 예배도 잘 드리고 헌금도 잘 내지만 그 힘든 일이 지나고 평안해지면, 계속 좋은 일이 생기면 안타깝게도 하나님을 잊어버리는 경향이 있다. 그러나 솔로몬 왕은 그러지 않았다. 그는 최고 위치에 올랐을 때 가장 뜨거운 신앙의 모습을 보여 주었다. 하나님께 진정으로 예배드리고 최고의 것을 바쳤다. 이에 감동하신 하나님은 솔로몬 왕에게 나타나서 그 필요를 물어보셨다.

솔로몬 왕은 왕으로서 필요한 것이나 왕이 가지지 못하면 염려되는 것, 예를 들면 돈과 명예, 권력을 달라고 하나님께 아뢰지 않았다. 그는 하나님의 뜻을 헤아리며 그분의 나라와 의에 대한 간구를 했다.

> 누가 주의 이 많은 백성을 재판할 수 있사오리이까 듣는 마음을 종에게 주사 주의 백성을 재판하여 선악을 분별하게 하옵소서 왕상 3:9

주님의 백성을 잘 재판할 수 있도록 듣는 마음, 하나님의 지혜를 허락해 달라고 간구했다. 선악을 잘 분별하는 재판을 해서 백성들이 하나님의 통치를 경험하고, 하나님의 정의를 느끼게 해 달라고 기도했다. 다음 절을 보면 솔로몬의 이 기도는 하나님의 마음에 합한 기도였다. 그러자 하나님은 솔로몬이 구하지 않은 것들도 주기로 약속하신다.

> 내가 네 말대로 하여 네게 지혜롭고 총명한 마음을 주노니 네 앞에도
> 너와 같은 자가 없었거니와 네 뒤에도 너와 같은 자가 일어남이 없으
> 리라 내가 또 네가 구하지 아니한 부귀와 영광도 네게 주노니 네 평생
> 에 왕들 중에 너와 같은 자가 없을 것이라  왕상 3:12-13

고대 왕들은 부귀와 영광이 없으면 백성과 주변 나라들에게 인정받지 못했다. 그래서 이것이 없으면 큰 염려가 되고, 통치하는 데 권위를 갖기도 어려웠다. 하나님은 솔로몬이 생활의 염려 가운데 필요를 간구하는 기도를 하지 않았음에도 다 주셨다. 마태복음 6장 33절 말씀이 정확히 이루어진 성경의 예다.

부모가 먼저 하나님의 뜻을 구하고 듣는 기도를 열심히 하면서 자녀가 이 기도를 우선적으로 할 수 있도록 인도해야 한다. 기도는 대화다. 기도가 계속 우리의 필요만 나열하는 독백이 되어서는 안 된다. 하나님의 뜻을 구하고, 하나님의 뜻을 들어야 한다. 그리고 그 뜻대로 살아야 한다.

"쉬지 말고 기도하라"(살전 5:17)는 말씀은 하나님의 뜻을 구하고 듣는 기도를 하는 마음으로 매일의 삶을 살면서 시시때때로 하나님의 뜻을 구하고 듣는 기도를 하라는 것이다. 그리고 하나님의 뜻을 들으면 그 뜻에 합당한 삶을 살라는 것이다.

부모는 자녀가 선택의 기로에 섰을 때 하나님의 비전이 무엇인지, 힘든 일이 있을 때 하나님의 뜻이 무엇인지, 기쁜 일이

있을 때 하나님의 마음이 무엇인지 기도해야 한다. 이처럼 어떤 일을 할 때 하나님이 원하시는 바가 무엇인지 기도해야 한다. 참된 기도는 자기 욕심, 자신의 채워지지 못한 욕망을 바라보는 것이 아니라 하나님의 뜻과 비전, 하나님 자체를 바라보는 것이다.

기도는 어릴 때부터 훈련해야 한다. 기도하는 것도 중요하지만 더 중요한 것은 하나님이 기뻐하시는 기도를 우선으로 열심히 하는 것이다. 부모는 하나님의 뜻을 구하고 듣는 기도를 하고, 자녀가 하나님의 뜻대로 살도록 중보기도해야 한다. 또한 자녀가 일상의 기도에서 하나님의 뜻을 구하고, 그 뜻대로 살도록 가르치고 훈련해야 한다.


## 상상력과 창의력을 키우는 성경 교육을 하라!


자녀의 신앙교육에서 성경 교육은 반드시 필요하다. 부모의 말을 잔소리로 듣는 자녀에게 어떻게 성경 교육을 할지, 성경을 펴면 하품부터 하는 아이한테 어떻게 해야 성경 교육을 시도할 수 있을지 고민될 것이다. 자녀들에게 성경 교육을 하면 좋겠다는 생각은 있지만 막상 하려고 하면 잘 안 되는 것이 현실이다.

개인적으로 상상력과 창의력을 키우는 성경 교육을 권하고 싶다. 기독교 신앙은 듣기에서 시작되며, 상상력은 '듣기'에서 시작된다. 성경에 보면 "이스라엘아 들으라"(신 6:4)는 말씀이 나온다. 하나님은 선포를 통해 그분의 메시지를 전하셨다. 선지자들은 하나님의 말씀을 대신 선포하면서 그분의 뜻을 전했다. 그러면 하나님의 백성은 선포를 들어야 한다.

하나님의 말씀을 들을 때 우리는 상상하게 된다. 들으면서 머릿속에서 그 내용을 그린다. 예를 들어 모세가 시내산에서 십계명을 받는 성경 말씀을 들으면 머릿속으로 모세를 그리게 되고, 더 나아가 하나님을 상상하게 된다. 그리고 십계명의 돌판이 어떻게 생겼을지 나름 생각해 보고 그것을 머릿속으로 그려 본다. 그래서 상상은 재미있고 흥미를 유발한다. 상상은 내용을 잘 이해하기 위한 탐구 과정이 된다.

### 성경 듣기

청소년 자녀들에게 성경을 듣게 하면 좋다. 유치원생도 아닌데 자리에 앉혀 놓고 부모가 읽어주는 성경을 듣도록 하는 건 쉽지 않다. 이때는 편하게 성경 앱을 이용하면 된다. 요즘은 성경 듣기 앱이 많다. 연예인이나 성우가 녹음한 성경 듣기 앱은 그 자체로 흥미롭고, 생동감 있게 잘 녹음되어 있다. 자녀에게 성경 듣기 앱을 이용해 수시로 성경을 듣게 한다. 학교 등·하교 길에 들을 수 있고, 쉬는 시간에 들을 수 있고, 학원 가는 길에 들을 수도 있다. 성경 듣기를 통해 자녀들의 상상력을 키우고, 성경에 흥미를 가지게 만들고, 성경 말씀이 아이들의 심령에 채워지게 해야 한다.

## 말씀 묵상하기

성경 듣기와 병행할 수 있는 성경 교육은 말씀묵상이다. 말씀묵상은 오늘 들은 성경 말씀 안에서 '하나님 찾기'와 '하나님의 생각(뜻) 찾기'를 하는 것이다. 하나님이 누구신지를 찾는 것이다. 들은 말씀 가운데서 하나님이 누구신지를 찾고, 이것을 묵상 노트에 간략히 기록하게 한다. 처음에는 "하나님은 좋으신 분이다" "하나님은 사랑이 많으신 분이다" "하나님은 무서우신 분이다" 등 형용사로 하나님을 표현하고 이해한다. 그러다가 하나님에 대한 표현이 점점 구체화되면서 우리 삶과 연관시킬 수 있게 된다. 예를 들면 "하나님은 내가 원하는 것을 채워 주시는 좋은 분이다." "하나님은 내가 우울할 때, 슬플 때, 힘들 때도 사랑해 주시는 분이다" "하나님은 내가 잘못하면 혼을 내시고 바른 길로 오라고 말씀하는 무서우신 아버지다" 등등.

'하나님의 생각(뜻)'을 찾게 하면 더 깊이 성경을 이해할 수 있다. '하나님의 뜻'이라고 하면 어렵게 느껴지지만 '하나님의 생각'이라고 표현하면 쉽게 이해할 수 있다. 들은 말씀 가운데서 "하나님은 어떤 생각을 가지고 계실까?" "하나님의 마음은 어떠실까?" "하나님이 원하고 기뻐하시는 것은 무엇일까?"를 생각하게 하는 것이다. '하나님의 생각(뜻) 찾기' 훈련을 통해 자기 욕심을 버리고, 하나님이 기뻐하시는 삶으로 나아가야 한다는 결심을 하고, 삶 가운데서 작은 실천부터 하나씩 해나가게 된다. 이 묵상 과정을 통해 청소년기에 계속 하나님을 찾게 되고, 넘어지지만 다시 일어서는 성숙과 성장으로 나아가는 삶을 경험하게 된다.

### 성경 암송하기

다음은 성경 암송이다. 성경 암송은 전통적인 성경 교육의 방법이다. 들은 말씀에서 마음에 와 닿는 구절을 성경에서 찾고 기록하고 외우는 것이다. 학교에서 주입식 암기 교육으로 스트레스를 받고 있는 자녀에게 성경 말씀을 암기하라고 하면 좋아하지 않는다. 이때는 성경 암송을 즐겁게 하는 것이 중요한데, 가족 구성원이 함께하면 좋다. 요즘 내 딸은 성경 암송을 랩으로 한다. 랩은 전문 래퍼만 할 수 있는 게 아니라 만드는 사람 마음대로다. 자신이 속도를 정하고, 끊어 읽는 구간도 정한다.

암송은 내용을 채워 넣는 단계다. 듣기를 통해 상상력이 개발되고 묵상을 통해 이해력이 좋아진다. 그러나 상상을 통해 그려낸 것은 사실이 아닐 수 있으므로 정확한 내용을 채워 넣는 단계가 필요하다. 이 단계에서 요구되는 것이 바로 성경 암송이다. 부모는 성경 암송을 할 때 성경 본문의 배경이 되는 역사와 장소, 주요 인물, 기후, 동·식물 등을 알려주거나 그것이 힘들면 구글 등을 통해 사진을 보여 주고 본문에 나온 성지와 관련된 영상을 유튜브에서 찾아 보여 준다. 예를 들어 예수님이 물 위를 걸으시는 말씀이 나오면 갈릴리 호수 사진을 찾아 보여 주거나, 유튜브에서 갈릴리 성지 영상을 찾아 보여 준다.

## 묵상한 것 나누기

성경 듣기, 성경 묵상, 내용을 채우는 성경 암송과 성경 배경 이해가 끝났으면 마지막으로 대화와 토론하는 시간을 가진다. 이해한 내용을 가지고 나눔을 할 수 있고, 서로 질문을 할 수 있고, 토론을 할 수도 있다. 가장 좋은 것은 부모와 자녀가 이 과정을 함께하는 것이다.

함께 성경 듣기표를 만들어 계획을 세운 뒤 같은 본문으로 성경 듣기를 하고, 말씀 묵상을 하고, 암송을 하고, 성경의 배경을 이해하기 위해 여러 자료를 활용하면 좋다.

이 같은 순서와 방법으로 성경 교육을 하면 창의력을 키울 수 있다. 창의력은 현실에서 실행 가능한, 창조 가능한 상상력이다. 유대인의 창의력이 뛰어나다는 것은 객관적 사실이다. 노벨상은 창의력과 많은 관련이 있다. 나는 이 창의력이 체계적인 성경 교육에서 나온다고 본다.

개인적으로 연구한 것을 통해 성경 교육의 방법을 제시했으니 실천해 보기를 바란다. 무조건 안 된다고 하지 말고 해보는 결단력과 실천력, 지속력이 필요하다. 성경 교육을 통해 먼저 부모가 하나님의 말씀을 사랑하고, 하나님의 말씀에 순종하는 사람이 되기를 소망한다. 그리고 우리 자녀들이 하나님의 말씀을 사모하고 그 말씀에 순종하는 능력의 사람이 되기를 소망한다.

## 그리스도인 부모 커뮤니티를 만들어 함께하라!

나는 교회에서 주최하는 부모 교육 세미나에 강연자로 많이 다니는데, 하나님이 기뻐하시는 자녀 교육을 하기 위해 열심히 모이고 공부하는 그리스도인 부모의 모습을 볼 수 있어 참으로 뿌듯하다. 부모들은 강의를 듣는 내내 고개를 끄덕이면서 열심히 노트에 기록하고 "아멘"을 외친다. 세미나 때 많은 부모가 "가정교사로서 자녀들의 신앙교육을 잘해야겠다" "하나님의 가치와 방법대로 자녀들을 잘 양육하겠다"라고 결심한다. 그러나 부모들과의 면담을 통해 세미나를 끝내고 가정으로 돌아갔을 때 그 결심이 약해지는 것을 확인할 수 있었다.

부모 교육 세미나를 진행할 때 참석하는 사람은 신앙교육에 어느 정도 열정을 가진 그리스도인 부모다. 그러나 교회에서 세미나를 마치고 세상으로 돌아가면 어울리고 함께해야 하는 대상은 불신자가 더 많다. 학교 어머니 모임에 나가거나 동창 모임에 나가면 세상적인 교육 이야기를 하게 된다. 어느 학원이 좋고, 어떤 강사가 잘 가르치고, 좋은 대학에 가려면 어떻게 해야 하는지 등의 정보를 나눈다. 물론 이런 정보 교환은 자녀 교육을 위해 필요하다. 그러나 이런 이야기를 계속 나누다 보면 하나님의 가치, 신앙의 우선순위가 흔들릴 수 있다.

아버지들 역시 직장 동료나 동창들을 만나 이야기를 나누다 보면 자녀 교육과 아이의 미래에 있어 하나님의 가치와 기준이 우선시되는 이야기보다 세상적이고 물질적인 가치에 치우친 이야기를 나누게 된다. 그러다 보면 그리스도인 부모로서의 정체성이 약해지고 믿지 않은 부모와 별반 다르지 않은 자녀 교육을 하게 된다.

따라서 가정에서의 신앙교육을 강조하는 부모 교육 세미나를 개최하는 것도 중요하지만, 배운 대로 실천하며 살 수 있도록 그리스도인 부모들이 서로 교제하고 격려하고 힘을 불어넣을 수 있는 그리스도인 부모 커뮤니티를 만드는 것이 더 중요하다.

나는 교회의 초청을 받아 부모 교육 세미나 강사로 가면 프로그램을 마치고 난 뒤 그 자리에서 그리스도인 부모 커뮤니티를 만들기 위해 노력한다. 커뮤니티 구성에 동의하는 사람들을 남게 해서 단체 채팅방을 만들고, 임원을 세워 활동하도록 안내한다. 큰 교회의 경우 인원이 많으면 자녀를 학령별로 나누어 단체 채팅방을 만들고 각기 임원을 뽑게 한다. 단체 채팅방을 통해 신앙적인 교제를 나누고, 종종 오프라인 모임도 열면서 그리스도인 부모로서 흔들리지 않고 하나님 중심의 신앙교육을 하도록 서로 격려하고 위로하고 도전의식을 심어 주는 것이다.

그리스도인 부모들은 이 말씀을 붙들고 함께해야 한다.

한 사람이면 패하겠거니와 두 사람이면 맞설 수 있나니 세 겹 줄은 쉽게 끊어지지 아니하느니라 전 4:12

# 적용하기

1. 자녀들이 하나님을 인격적으로 만나도록 수련회에 꼭 보내고, 시간이 날 때마다 신앙적인 대화를 시도하면서 하나님을 만나고 싶은 갈망과 열정이 생기도록 돕는 부모가 되자!

2. 자녀들이 율법주의적이고 형식적인 신앙생활이 아니라 즐기는 행복한 신앙생활을 하도록 돕고, 자녀들이 부모의 모습을 보고 선한 영향을 받도록 먼저 즐기는 행복한 신앙인이 되자!

3. 자녀들이 지성과 감성, 의지를 통해 전인격적으로 하나님을 사랑하고, 가장 가까이 있는 가족 구성원과 이웃부터 공감하고 사랑하도록 키우자!

4. 예배를 소중히 여기는 자녀로 키우고, 아이들의 눈높이에 맞춘 행복한 가정 예배 시간을 만드는 부모가 되자!

5. 자녀들이 어릴 때부터 '생활의 염려 가운데 필요를 간구하는 기도'보다 '하나님의 뜻을 구하고 듣는 기도'를 우선하도록 바른 기도의 습관을 길러주자!

6. 성경 듣기, 말씀 묵상, 내용을 채우는 성경 암송과 성경 배경에 대한 공부, 부모와의 나눔을 통해 상상력과 창의력을 키워 주는 성경 교육을 하는 부모가 되자!

7. 그리스도인 부모들이 커뮤니티를 만들어 함께 격려하고 위로하고 도전하며 나아가게 하자!

☑ 부모 십계명

☑ 부모를 위한 기도문

☑ 주제별 문제 해결 Tips!

# ☑ 부모 십계명

1. 자녀 교육과 양육에 대해 하나님 앞에서 끊임없이 성찰하는 부모가 되자!

2. 자녀의 이야기를 공감하고 들어 주는 부모가 되자!

3. 비교 평가의 관점을 버리고 아이 자체의 성장과 성숙에 주목하는 부모가 되자!

4. 자녀의 재능을 가장 먼저 인정해주고, 그 재능을 바탕으로 진로를 탐색하는 진로 코치가 되자!

5. 자녀를 구체적으로 칭찬해 자존감을 세워주고, 아이가 행복하도록 격려하는 부모가 되자!

6. 자녀의 교사, 모델, 지원자, 상담자, 친구, 선배로서의 역할을 균형 있게 감당하는 멘토 부모가 되자!

7. 자녀를 사랑하기 때문에 아이들의 지적·심리적·문화적 측면을 이해하기 위해 노력하는 부모가 되자!

8. 자녀가 자신만 잘 먹고 잘 사는 이기적인 꿈에서 벗어나 세상을 아름답게 만드는 따뜻한 꿈, 생명을 살리는 하나님의 꿈을 꿀 수 있도록 도와주는 부모가 되자!

9. 솔선수범하는 모습을 통해 삶의 모델을 보여 주는 부모가 되자!

10. 좋은 부모가 되기 위해 열심히 공부하고 끊임없이 노력하며, 무엇보다 매일 자녀를 위해 기도하는 부모가 되자!

# ✅ 부모를 위한 기도문

1. 하나님이 이 땅 위에 부모로 세워주신 어른들이 하나님을 아는 지혜를 깨닫고, 가정 안에서 하나님의 가치와 비전을 가지고 자녀를 양육하기를 소망하며 기도합니다.

2. 하나님이 항상 자녀를 위해 고생하고 희생하는 부모에게 참된 위로의 손길을 내려 주시기를 기도합니다.

3. 하나님을 굳건히 믿고 그분만 의지하면서 부모의 역할을 온전히 잘 감당할 수 있기를 기도합니다.

4. 부모가 자녀를 양육하는 가운데 하나님의 사랑을 깊이 깨닫고, 그들의 신앙이 날마다 성장하기를 기도합니다.

5. 자녀를 양육하는 동안 화가 나거나 우울하거나 감정적으로 힘들 때가 찾아옵니다. 그때 하나님이 부모의 마음에 참 평안을 내려 주시기를 기도합니다.

6.  인내의 덕목을 충만하게 선물해 주사 자녀를 향해 오래 참을 수 있는 성숙한 부모가 되기를 기도합니다.

7.  자녀를 양육하는 데 있어 부부 사이에서 의견이 달라 갈등할 때가 있는데, 상대방의 가치관과 생각을 존중하면서 부부가 하나 될 수 있기를 기도합니다.

8.  하나님이 자녀를 양육하는 가운데 필요한 것을 때에 알맞게 공급해 주시기를 기도합니다.

9.  자녀를 위해 항상 기도하는 부모, 가정 안에서 자녀와 함께 예배드리는 부모가 되기를 소망하며 기도합니다.

10. 부모와 자녀가 가정 안에서 참된 행복을 누리며, 천국을 경험할 수 있기를 원하며 기도합니다.

# ☑ 주제별 문제 해결 Tips!

아이가 중·고등학교에 들어가서 담배의 유혹에 빠지고 술을 마신다면 부모로서 매우 당황스러울 것이다. 그리고 아이가 담배를 피우고 술을 마시는 것을 알게 되는 순간 소리치고 화내고 당장 끊으라고 윽박지르게 된다. 하지만 아이는 부모의 말에 따르기보다 반항하고 집 밖에서 부모 몰래 계속 담배를 피우고 술을 마시게 된다. 무조건 윽박지르고 "당장 담배를 끊으라, 술을 마시지 말라"고 소리치는 것은 별로 효과가 없다. 아이와 대화하는 자리를 만들어 조심스럽게 이 주제를 꺼내야 한다.

"요즘 네 옷을 빨 때 담배 냄새가 나는 것 같아." "세탁할 때 보니 네 교복 주머니에서 담배가 나오더라." "늦게 학원에서 돌아올 때 간혹 술 냄새가 나더라." 그러면 아이는 변명을 하거나 인정하거나 할 것이다. 아이가 생각지도 못한 행동을 할 경우 부모는 지나치게 놀라거나 충격을 받으면 안 된다. 그런 때일수록 정신을 똑바로 차리고 이성적으로 대응하는 것이 중요하다. 아이와 담배, 술이라는 주제를 가지고 대화를 시작할 수 있으면 담배를 피우고 술을 마시게 된 동기를 찾아야 한다. 보통은 호기심에서 시작하는 경우가 가장 많다.

문제는 혼자 담배를 피우고 술을 마시지 않는다는 사실이다. 처음 담배에 손을 대고 술을 마시는 아이들은 일탈에 대한 두려움을 가지고 있어 혼자 하는 것을 주저한다. 대부분 친구와 어울려 담배를 피우고 술을 마시는데, 친구끼리 있으면 일탈에 대한 잘못된 용기가 생겨나기 때문이다. 그때는 어떤 친구들과 어울리는지 친구 관계를 점검해 볼 필요가 있다.

담배를 피우고 술을 찾게 되는 또 다른 이유는 스트레스다. 이런 경우 또래 친구들과 함께하는 것이 아니라 혼자서 할 수도 있다. 그러면 어떤 것이 아이를 힘들게 하는지 근본적 문제를 찾아 해결해 줘야 한다. 예를 들어 입시 스트레스 때문이라면 부모가 입시와 공부에 대한 스트레스를 최대한 주지 않으려고 노력해야 한다.

중요한 것은 부모가 담배를 피우거나 술을 마시지 말아야 한다는 사실이다. 부모가 아이에게 담배 피우는 모습을 보여 주면서 "담배 피우지 말라"고 말하는 것은 설득력이 떨어진다. 아빠가 회식하고 술에 취해 밤 늦게 들어오는 모습을 보여 주면서 아이에게 "술 마시지 말라"고 말하면 설득력이 없다. 모델링이 가장 중요하다는 것을 다시 한 번 강조한다!

## 2. 아이가 야한 영상물이나 사진을 보는 것 같아요

성에 대해 눈을 뜨고 관심을 가지게 되는 시기가 되면 야한 영상물이나 사진의 유혹에 빠지기 쉽다. 요즘 같은 인터넷 시대에는 야한 영상물이나 사진을 손쉽게 접할 수 있다. 아이가 밤이나 혼자 있을 때 야한 영상물이나 사진을 본다는 것을 알게 되면 부모로서 충격이 클 수밖에 없다. 그러나 부모가 "요즘 청소년이 보면 안 되는 야한 영상물이나 사진 보는 것 같던데?" "어디서 그런 이상한 영상과 사진을 보는 거야?"라고 반응한다면 아이는 수치심을 느낀다. 따라서 이런 경우 선제적 방법으로 '건강한 성'이라는 주제로 아이와 대화를 시도해 볼 필요가 있다. 아이와 자연스럽게 대화하다가 "요즘 네 친구들 중에 야한 영상물이나 사진 보는 아이도 있지 않니?"라고 물어본다. 그러면 아이는 자기 나름대로 이야기를 할 것이고, 아이가 어떤 말을 하는지 집중해 들어줄 필요가 있다.

대화를 나눌 때 부모가 이미 그 과정을 겪은 선배라는 것을 알려줄 필요가 있다. "아빠 때도 친구들이 야한 사진 구해서 보고 그랬는데, 어른이 되고 나서 그것이 창피한 일이라는 걸 알았어." 이처럼 자연스럽게 야한 영상물이나 사진의 문제점을 이야기한다. "야한 영상물이나 사진의 내용은 건강한 성과 사랑을 왜곡시키곤 해. 엄마 아빠의 사랑은 서로의 생각과 감정을 이해하고 대화를 나누면서 서로 부족한 모습을 받아들일 때 지속될 수 있는 거야. 야한 영상물이나 사진에 나오는 남녀 주인공의 행동은 건강한 사랑처럼 보이지 않지? 사랑은 오랫동안 함께하고 대화하고 이해하는 가운데 이루어지는 것이고, 사랑하니까 서로의 몸을 존중하면서 스킨십도 하고 육체적인 사랑도 나누는 거야. 나는 우리 아들이 건강한 사랑을 할 줄 아는 성숙한 사람이라고 믿는다."

아이들이 가장 무서워하는 말은 "엄마는 우리 아들 믿는다" "아빠는 우리 딸 믿는다"이다. 아이에게 신뢰의 말을 할 때 그것이 아이에게는 책임감으로 자리 잡게 된다.

야한 영상물이나 사진을 보고 나서 죄책감에 빠지는 아이들이 있다. 그런데 유혹을 이기지 못하고 또 찾게 된다. 더 나아가 이것은 자위 행위로도 연결된다. 야한 영상물이나 사진을 보고 자위 행위를 하는 경우가 많기 때문이다. 청소년 아이들 가운데 이것 때문에 죄책감을 느껴 힘들어 하는 아이가 많다. 생각이 많고, 우울하고, 자신감 없는 청소년이 가진 문제의 근원에 죄책감이 자리 잡고 있다는 사실을 알아둘 필요가 있다.

죄책감으로 힘들어 하는 것을 발견하면 심각하게 반응하지 말고, 부모도 청소년 시절에 겪었고 다른 아이들도 겪고 힘들어 하는 주제임을 인지시키며 '동료의식'을 갖게 해준다. 그리고 성장하는 과정임을 강조하고, 신앙과 연결되어 죄책감으로 힘들어 한다면 예수님의 용서, 하나님의 사랑이 나오는 성경 말씀(시 103:12; 미 7:19; 습 3:17; 요 3:16; 롬 4:25; 롬 5:8; 엡 2:8-9; 요일 4:10)을 읽어주면서 죄책감에서 벗어나도록 도와준다.

혼자 있을 때 계속 유혹에 넘어가 힘들어 한다면 독서실 등에서 친구들과 공부하게 하고, 운동을 통해 성적 에너지를 다른 곳으로 발산하도록 해야 한다. 그리고 야한 영상물이나 사진, 자위 행위를 호기심에서 시작해 빠지는 경우도 있지만, 스트레스를 해소하기 위한 탈출구로 선택하는 경우도 많다. 따라서 아이가 가진 스트레스가 무엇인지 찾고, 그에 대해 공감해 주고 이해해 주고, 해결이 필요한 문제라면 부모가 개입할 필요가 있다.

## 3. 아이가 이성 친구를 사귀고 있어요

아이가 이성 친구를 사귀게 된다는 사실을 처음 알게 되면 부모는 여러 생각이 든다. '우리 아이가 커서 벌써 이성 친구를 사귀네'라는 긍정적인 반응부터 '공부해야 할 시기에 이성 친구라니! 도대체 정신이 있는 거야!'라는 부정적인 반응까지 실로 다양하다. 여기서 객관적 사실은 이성 친구에게 관심을 가지고 사귄다는 것은 아이가 몸도 마음도 성장하고 성숙하고 있다는 뜻이다. 그러므로 이성 친구를 사귀는 것을 알게 되면 일단 그 자체를 인정해 줘야 한다. 아이를 불러다가 "너 누구랑 사귄다며? 당장 헤어져. 지금은 공부할 때야. 나중에 대학 가서 마음껏 사귀고 지금은 참아"라고 혼낸다면 부모 말에 순종해 사귀고 있는 이성 친구와 헤어질까? 그렇지 않다. 헤어지지도 않을 뿐더러 '비이성적 결탁'이 일어날 수도 있다.

조심스럽게 사귀다가 부모의 반대에 부딪히면 이성 친구가 그냥 자기편이어야 하고, 절대 헤어지면 안 되기 때문에 이성 친구의 모든 면을 긍정적으로 받아들이는, 즉 둘 사이에 비이성적인 결탁이 일어난다. 이렇게 되면 부모는 두 사람의 적이 되고, 사귀고 있는 두 아이는 서로를 끈끈하게 묶기 위해 청소년으로서 하지 말아야 하는 성관계를 맺거나 가출을 감행할 수도 있다.

따라서 아이가 이성 친구를 사귀는 것을 알게 되면 그 자체로 인정해 주어야 한다. 그리고 음성적으로 가지 않도록 "이성 친구를 집으로 데려와서 같이 공부하는 건 어때?"라고 쿨한 반응을 보이는 것도 하나의 방법이다. 부모는 24시간 자녀들을 감시할 수 없다. 그렇다고 사춘기 자녀가 부모의 말을 공손히 듣는 것도 아니다. 이성 교제를 하지 말라고 해서 듣는 것도 아니고, 윽박지르고 강요하면 아이들은 더 몰래 행동한다는 사실을 잊지 말아야 한다.

부모와 자녀 간에 이성 친구를 사귀는 원칙을 세워 타협하는 것도 하나의 방법이 될 수 있다. 아이가 부모에게 이성 친구 사귀는 것을 허용해 달라고 요청하면 그것을 받아들이고

"스킨십은 하지 마라" "이성 친구를 사귀기 전보다 더 열심히 공부해야 해"라는 요구를 할 수도 있다. 이런 식으로 부모와 자녀가 타협점을 찾는 것이다. 중요한 것은 아이가 이성 친구를 사귀는 것에 대해 무조건 반대하는 건 효과가 없다는 사실이다.

## 4. 아이가 아이돌 그룹을 너무 좋아해요

자녀가 어떤 아이돌 그룹을 너무 좋아해서 팬클럽에 가입해 활동하고 매일 이어폰 끼고 음악만 듣는다면 부모로서 화가 난다. 많은 시간을 아이돌 그룹을 좋아하는 데 할애하면 그만큼 공부하는 시간이 줄어들기 때문에 아이의 성적이 떨어질까 봐 걱정되는 것이 당연하다. 이때 부모는 인정할 것은 인정하고, 아이에게 조언할 것은 조언해야 한다. 부모가 인정해야 하는 것은 바로 아이들의 문화다. 아이들이 연예인을 좋아하는 것은 당연하다. 부모에게도 연예인이나 운동선수를 좋아했던 시절이 있었을 테니 청소년 시절의 문화 현상이라는 사실을 인정하고 받아들여야 한다.

그다음에는 아이에게 조언을 해준다. "아이돌 그룹을 많이들 좋아하지. 엄마도 너만 할 때 어떤 가수를 좋아했어. 네가 좋아하는 아이돌 그룹의 노래를 유튜브로 들어 볼게. 딸이 좋아하는 아이돌 그룹인데 엄마도 좋아해 보도록 노력해야지." 이렇게만 반응해도 아이는 기분이 좋아진다. 대부분의 친구 엄마는 이렇게 반응하지 않기 때문이다. 그러고 나서 이렇게 말한다. "그런데 공부할 때 아이돌 그룹 음악을 들으면 집중하기가 쉽지 않은 것 같아. 솔직히 말하면 네가 음악 들으며 공부하면 열심히 공부하지 않는다는 생각이 들어 불안해질 것 같아. 그래서 공부할 때는 공부에만 집중하면 좋겠어. 엄마의 마음을 이해해줄 수 있겠니?"

먼저 아이의 상황을 인정해 주고 부모로서 연예인을 너무 좋아해 걱정되는 면을 말해 준다면 아이는 그 조언을 받아들이게 된다. 먼저 있는 그대로의 사실, 즉 '아이가 어떤 아이돌 그룹을 좋아한다는 사실' '아이가 어떤 연예인을 좋아한다는 사실'을 인정해 주는 것이 문제 해결의 실마리가 된다.

## 5. 아이가 학교에서 왕따를 당하는 것 같아요

요즘 왕따 문제가 심각하다. 부모는 자녀가 왕따의 피해자도 될 수도, 가해자도 될 수도 있다는 생각을 가지고 있어야 한다. 아이가 학교에서 왕따를 당하는 것 같은 징조는 가정에서도 나타난다. 그 징조는 다음과 같다.

첫째, 집에서 말이 없고 우울해 한다. 왕따를 당하면 소외감과 외로움을 강하게 느끼기 때문에 우울할 수밖에 없다. 둘째, 집에서 잠만 자려고 하고 피곤해 보인다. 왕따를 당하면 삶의 의욕이 없어 잠을 통해 현실을 회피하려고 하며, 왕따에 따른 스트레스로 늘 피곤해 한다. 셋째, 화낼 일이 아닌데도 부모에게 화를 낸다. 다른 친구들에게 화를 풀 수 없다 보니 집에 와서 만만한 상대, 다 받아주는 상대라고 생각되는 부모에게 화를 낸다. 넷째, 문제가 있느냐고 물어보면 별 문제 없다고 강하게 말한다. 이것은 '부정'이라는 방어기제를 사용해 왕따를 당하는 현실을 인정하지 않으려는 것이다.

아이가 왕따를 당하고 있다고 느낄 때 자꾸 옆에서 물어보고 확인하려고 하면 오히려 아이를 불편하게 만들 수 있다. 그러므로 부모는 가만히 아이에게 다가가 위로자와 지지자가 되어주어야 한다. "아빠는 언제나, 어느 때나 아들 편이다. 사랑해.""엄마는 네가 힘들 때나 기쁠 때나 즐거울 때나 외로울 때나 아플 때나 건강할 때나 항상 함께할 거야." 이런 말을 수시로 해주는 것이 중요하다. 그러면 아이는 친구가 없어도 엄마 아빠가 자신과 함께하고, 자신을 사랑해 주고 인정해 주고 있음을 믿고 어려움을 견디고 극복할 수 있는 힘을 얻게 된다.

부모는 자녀에게 힘을 북돋워 주고 사랑하는 마음을 전달하면서 학교 교사와 조심스럽게 상담할 필요가 있다. 중요한 것은 학교 교사가 비밀보장 원칙을 지켜 부모가 교사와 상담한 것을 아이 모르게 해야 한다. 그리고 학교와 교사 차원에서 지혜롭게 문제를 해결할 수 있도록 도움을 청한다. 이것은 아이가 학교에서 친구들 사이에서 문제가 일어났을 때 적용할 수 있는 팁이다.

## 6. 아이가 게임에 푹 빠졌어요

요즘 게임에 중독된 청소년이 정말 많다. '중독'은 늪과 같아서 한번 빠지면 벗어나기가 어렵다. 우리 자녀가 공부하는 것에 중독되면 좋으련만 부모가 하지 말라는 것에 중독되니 그것이 문제다. 틈만 나면 게임하는 자녀를 제어하는 일은 만만치가 않다. 이때는 타협의 원칙을 사용해서 부모와 자녀 사이에 타협점을 찾아야 한다.

청소년 사역자로서 청소년기 자녀를 둔 부모와 상담할 때 타협하지 않는 부모가 가장 상대하기 어려웠다. 부모가 변화되지 않으면 문제를 해결할 수 없는데 시간을 내어 상담해도 변화되지 않기 때문이다. 타협하지 않는 부모는 아이에게 "게임하지 마. 핸드폰 뺏을 거야. 이번 달에는 데이터 쓸 수 없어"라고 말하며 절대 게임을 하지 못하게 한다. 만약 핸드폰을 뺏고 데이터를 쓸 수 없게 하면 아이가 "네, 엄마 아빠 말씀대로 이제부터 절대 게임하지 않고 공부에 전념할게요"라고 말할까? 꿈같은 이야기다.

부모에게 핸드폰을 뺏긴 아이는 친구 핸드폰으로 게임을 하거나 컴퓨터로 할 수 있는 게임을 하기 위해 PC방을 들락거릴 것이다. 다시 한번 강조하지만 이런 경우 타협이 필요하다. 타협할 때 자신이 줄 것은 주고, 받을 것은 받아야 한다. 아이와 함께 게임하는 시간을 정한다. 부모 된 마음으로는 게임을 하지 않는 것을 원할 테지만 아이에게 양보해서 게임할 수 있도록 해준다. 그러면 자녀 역시 부모가 원하는 것에 어느 정도 맞추기 위해 노력하게 된다.

구체적으로 '언제 (얼마큼), 어디서, 누구와, 무엇을' 부분에서 부모와 자녀가 서로 대화하면서 타협점을 찾아낸다. '언제 (얼마만큼) 게임을 할 것인지' '어디서 게임을 할 것인지' '누구와 게임을 할 것인지' '무슨 게임을 할 것인지'에 대해 자녀와 대화를 나눈다. 아이는 하루에 두 시간, 부모는 30분 게임하는 것을 원한다고 할 때 타협점은 한 시간이다. 아이는 학원 근처 PC방, 부모는 아이를 볼 수 있는 집에서 게임하길 원한다면 타협점은 집 앞 PC방이 될 수 있다. 아이는 부모가 모르는 친구들, 부모는 잘 알고 있는 친구들과 함께 게임하기 원할 때도 타협점을 찾을 수 있다. 자녀가 선택한 게임이 너무 선정적이고 폭력적인 경우 부모는 스포츠 게임이나 자동차 경주 게임 등을 추천하며 타협점을 찾는다.

모든 인간관계의 핵심은 타협의 기술이라는 사실을 잊지 말고, 이것이 사춘기 자녀 교육에도 중요하게 작용한다는 점을 명심하라.

## 7. 아이가 나쁜 친구들과 어울리는 것 같아요

부모는 자녀가 공부 잘하고 착하고 모범적인 친구들을 사귀고 그들과 어울리기를 원하지만 뜻대로 되지 않는다. 때로 불량스러운 아이들과 어울리고, 공부에 관심이 없고 노는 아이들과 어울리면 어떻게 해야 할지 몰라 힘들어 한다. 부모가 나서서 친구 관계를 깰 수도 없는 노릇이다. 부모보다 친구를 더 중요하게 생각하는 사춘기에는 어떤 친구와 어울리지 말라는 부모의 말에 역반응을 일으켜 엇나갈 수 있으므로 조심스러울 수밖에 없다. 이런 경우 이상적인 해답은 지금 어울리는 친구보다 더 친해질 수 있는, 부모가 원하는 착하고 공부를 잘하고 자녀에게 맞춰주는 친구가 나타나면 된다. 그러나 쉽지 않기 때문에 이상적인 해답이라고 말한 것이다.

그러나 여기에 답을 찾아가는 원리가 숨겨져 있다. 지금 어울리는 친구들과 함께하는 시간을 통해 얻는 유익보다 더 큰 유익을 주는 기회를 제공하는 것이다. 쉽지 않겠지만 부모가 아이와 함께하는 시간을 늘리고, 아이가 좋아할 만한 것으로 그 시간을 채워주면 된다. 아이가 좋아하는 음식을 사주거나, 아이가 가기를 원하는 장소에 가는 식이다. 사실 사춘기 자녀들은 부모와 함께 시간을 보내는 것 자체를 부담스러워하기 때문에 가장 좋은 방법은 아이보다 몇 살 많은 선배를 멘토로 붙여 주는 것이다. 그래서 좋은 형이나 언니의 역할을 감당하게 하는 것이다.

사춘기 아이들은 부모의 말은 듣지 않지만 자기 마음에 드는 형이나 언니의 말은 잘 듣는다. 부모가 주변에서 이런 좋은 선배를 찾아주면 된다. 예를 들어 교회에서 아이의 좋은 멘토가 될 만한 선배를 찾을 수 있다. 아이가 중학생이라면 고등학생 선배, 아이가 고등학생이라면 대학생 선배가 좋다. 나는 중학생 때 교회에서 좋은 고등학생 형을 만났다. 신앙도 좋고, 성실하고, 음악과 운동을 좋아하는 형이었다. 부모님은 그 형에게 "우리 아이에게 좋은 선배가 되어 줘요"라고 부탁하면서 종종 집으로 불러 밥도 해주셨다. 그 형은 부모님께 말할 수 없는 고민도 들어 주고, 시간이 날 때 축구도 하고, 팝송도 같이 들으면서 영어 공부도 봐 주었다. 청소년 시절 그 형이 많은 도움을 주었다.

나 역시 대학교 때 같은 교회에 다녔던 고등학생의 선배 역할을 했다. 그 고등학생은 소위 불량 청소년이었다. 공부도 안하고 멋대로 행동하는 학생이었다. 교회도 놀러 오기 위해 다녔는데, 다행스러운 것은 그 학생이 나를 싫어하지 않았다. 그래서 그 학생을 자주 만나 좋은 이야기도 해주고, 맛있는 밥도 사주고, 고민도 들어 주었다. 대학 진학을 포기했던 그 학생이 어느 날 대학에 가고 싶다며 도와 달라고 해서 공부도 가르쳐 주었다. 결국 그 학생은 대학에 진학했고, 지금은 사회의 일원으로 건강하게 살아가고 있다. 우리 아이에게도 멘토가 필요하다는 것을 기억하라.

사춘기가 되면 거울을 보는 시간이 늘어난다. 남학생은 머리에 헤어 제품을 바르면서 거울을 이리저리 쳐다본다. 여학생은 화장을 하며 거울을 이리저리 쳐다본다. 이런 모습을 보면 부모는 잔소리가 하고 싶어진다. "거울 볼 시간에 영어 단어 하나라도 더 외우겠다." "외모를 가꾸는 것보다 더 중요한 것은 내면을 가꾸는 거야." 이렇게 잔소리해도 거울 보는 시간이 줄기는커녕 늘어나니 답답할 노릇이다.

사실 아이의 이런 모습은 지극히 자연스러운 것이다. 제2차 성징으로 신체적 변화가 일어나면서 어린 아이의 티를 벗고 성인으로 변해 가는 자기 모습을 보며 낯설어 하기도 하고 뿌듯해하기도 한다. 그러면서 이성에 대한 관심이 생기고 외모에 신경 쓰게 된다. 부모는 자녀가 외모에 신경 쓰는 것을 이상하다고 생각하면 안 된다. 당연한 일이라고 생각해야 한다. 자신의 외모에 신경을 쓴다는 것은 좋게 해석하면 자신을 귀하게 여긴다는 표현이고, 자존감을 가지고 있다는 증거이기도 하다. 반대로 아이가 외모에 전혀 신경 쓰지 않고 일주일에 한 번 머리 감고 계속 같은 옷을 입고 다닌다면 부모로서 만족스럽겠는가? 그렇지 않을 것이다. 이런 아이가 더 골치 아프다. 아이가 외모에 신경 쓰는 것은 지극히 자연스럽고 건강한 일이다.

다만 외모를 비교하면서 열등감에 빠지지 않도록 칭찬해 줄 필요가 있다. 물론 칭찬할 때 상대 비교에서 나온 칭찬은 지양해야 한다. "우리 딸 예뻐. 너무 예뻐서 화장 안 해도 돼"라고 칭찬해줘야지 "~보다 예쁘네"와 같이 비교 평가하는식의 칭찬을 해서는 안 된다. 그리고 외모 지상주의에 빠지지 않기 위해 모든 사람을 인정해 주는 이야기, 내면의 아름다움에 대한 이야기도 해줄 필요가 있다. "우리 모두는 다르게 태어났어. 그래서 개성 있고 멋있고 아름다운 거야." "외모의 아름다움만 있는 것이 아니라 내면의 아름다움도 있어. 내면의 아름다움도 가꿔야 하는데, 엄마와 함께 좋은 생각과 고운 말 쓰는 연습을 해 보자." 자녀들이 듣고 싶어 하는 외모에 대한 칭찬을 건전하게 하되 내면의 아름다움을 갖추기 위해 노력하는 자녀로 키워야 한다.

## 9. 아이가 운동을 싫어해요

한참 잘 먹고 활동적이어야 하는 아이가 운동하는 것도, 움직이는 것도 싫어한다면 부모로서 걱정된다. 요즘 아이들은 밥 먹고 앉아서 공부하고 핸드폰하고 게임하는 삶이 일상화되어 어찌 보면 활동적으로 움직이고 운동하는 것이 어색할 수도 있다. 운동을 싫어하는 아이를 억지로 운동시키는 것도 어렵고 운동을 안 시키면 아이의 건강이 걱정스러울 것이다. 주변에서 아이를 억지로 헬스장에 등록시키고 학원 마치고 집에 오기 전 운동하고 오라는 부모를 보았다. 이렇게 억지로 시킨다고 고분고분 말을 들을 아이들이 아니다. 그렇다면 어떻게 해야 할까?

좋은 접근법은 운동을 쉼의 시간으로 연결시켜 주는 것이다. 운동을 하나의 일이 아니라 놀고 쉬는 시간으로 만들어 주면 운동 시간이 즐거울 수 있다. 가장 안타까운 것은 아이에게 운동을 시킬 때도 학습과 관련해 시키는 부모가 꽤 있다는 점이다. 최근 줄넘기 학원까지 있다는 소리를 듣고 놀란 적이 있다. 학습으로 시키면 아이들의 입장에서는 쉼과 놀이가 아니라 또 하나의 공부가 되어 버린다. 순수하게 건강을 위해 아이가 운동하기를 원한다면 운동을 통해 쉼과 놀이를 할 수 있도록 도와주어야 한다. 예를 들어 30분 동안 동네 한두 바퀴를 뛸 때 아이가 즐겨 듣는 음악을 마음껏 들을 수 있도록 해주고, 집에서 러닝머신을 뛸 때 아이가 좋아하는 텔레비전 프로그램이나 유튜브 영상을 보게 해주는 것이다.

또 하나 좋은 방법은 정기적으로 적당한 장소를 선택해 함께 운동하는 것이다. 한강 시민공원에서 부모와 함께 뛰거나 자전거를 타면서 운동하고, 주말에 꽃과 나무를 구경하며 등산하고, 아름다운 공원에 가서 부모와 함께 이야기하면서 조깅을 할 수 있다. 학습을 위한 운동이 아니라 건강 자체를 위한 운동의 관점을 가지고 운동이 쉼과 놀이의 시간이 되도록 노력하는 부모가 되어야 한다.

## 10. 아이가 운동에 빠져 살아요

아이들 가운데 운동을 싫어해서 골치 아픈 경우도 있지만, 반대로 아이가 운동에 빠져 걱정하는 경우도 있다. 이때 부모의 입장에서는 "몸이 너무 힘들어 피곤해 하는 것은 아닐까?" "운동하느라 지쳐 정작 공부해야 할 때 피곤해서 하지 못하는 것은 아닐까?"라며 걱정하게 된다. 모든 것은 적당히 하는 것이 좋다. 운동도 중독될 수 있다.

아이가 운동에 빠지는 첫 번째 이유는 운동이 스트레스 해소의 창구가 되기 때문이다. 땀 흘리며 열심히 운동을 하고 나면 생각이 단순해지고 학업과 관계에 따른 스트레스가 해소되고 기분도 좋아진다. 청소년 시절에 한때 운동에 빠져 살았다. 워낙 축구를 좋아해서 시간 날 때마다 축구를 했다. 학교에서도 쉬는 시간마다 운동장에 나가 축구를 했다. 학교에서 야간 자율학습을 하고 나서도 운동장에서 축구를 하고 집에 돌아올 정도였다. 열심히 땀 흘리며 운동하면 스트레스가 해소되고 기분이 좋아졌다.

아이가 운동에 빠지는 두 번째 이유는 몸에 힘이 남아돌기 때문이다. 사춘기가 되고 신체적 변화가 찾아오면 힘이 생고, 그 힘을 운동에 쓰게 된다.

아이가 운동에 빠지는 세 번째 이유는 이성에 대한 관심도가 증가하기 때문이다. 특히 남학생의 경우 이성에게 잘 보이기 위해 헬스 등을 하면서 몸 가꾸는 노력을 하기도 한다. 외모에 신경 쓰는 노력 가운데 하나다.

아이가 운동에 빠지는 네 번째 이유는 공부에 지쳐서다. 이런 학생들은 공부를 싫어하게 된다. 공부는 앉아서 하는 정적 행동이지만 운동은 몸을 움직이는 동적 행동이다. 따라서 동적 행동인 운동을 하면 정적 행동인 공부에서 느끼지 못하는 희열과 즐거움, 성취감을 느끼게 된다. 공부에 지쳐 있거나 반복되는 공부에 매너리즘을 경험한 아이들이 운동에 빠진다.

아이들의 행동에는 원인이 있으므로 부모는 그 원인을 찾아내고 아이들을 이해해 주기 위해 노력해야 한다. 이해해 주고 공감해 주고 난 다음 운동에 너무 빠져 지내지 말고 운동과 학업이 균형을 이루도록 진심 어린 조언을 해줘야 한다.

편식은 유아기, 아동기에만 나타나는 행동이 아니다. 사춘기 자녀들 가운데도 편식하는 아이가 꽤 있다. 사춘기에는 편식을 넘어서서 자기 입맛에 맞는 인스턴트 음식만 골라 먹기 때문에 더더욱 걱정스럽다. 균형 잡힌 건강한 음식을 먹어야 하는데 자신의 입맛에 맞는 인스턴트 음식이나 냉동 식품만 먹는 아이가 많아서 이에 대한 대책이 필요하다. 편식하고, 몸에 나쁜 음식을 주로 먹는 아이들은 그 음식을 먹지 말라고 잔소리 해도 소용 없다. 인스턴트 음식을 계속 먹으면 건강 상태가 어떻게 나빠지는지 무서운 영상을 보여줘도 소용이 없다.

그런데 놀라운 사실은 아이의 음식 습관은 대부분 부모의 음식 습관에서 나온다는 사실이다. 엄마 아빠가 채소를 잘 먹지 않아서 식탁에 거의 올라오지 않았다면 어릴 때부터 아이도 채소 먹을 기회가 적었을 것이다. 엄마 아빠가 라면을 좋아해 즐겨 먹었다면 아이도 당연히 라면을 즐겨 먹는다. 엄마 아빠가 콜라를 좋아해 즐겨 마시면 아이도 당연히 콜라를 즐겨 마신다. 따라서 아이의 식습관을 바꾸기 원한다면 먼저 부모의 식습관부터 바꿔야 한다.

부모가 몸에 안 좋은 음식을 먹으면서 아이에게 "너는 성장기니까 먹으면 안 돼. 엄마 아빠는 어른이라 괜찮아"라고 말하면 안 된다. 아이에게 "편식하지 마라" "몸에 좋은 음식을 먹어라"고 말할 때 설득력이 없다.

자라나는 청소년에게 필요한 견과류나 영양 보충제를 먹도록 챙겨 준다. 아이가 건강한 음식을 먹는 습관을 갖도록 부모부터 건강한 음식을 먹는 습관을 가져야 한다.

편식하는 아이만 있는 것은 아니다. 섭식과 관련해 사춘기 아이들에게서 발견되는 또 다른 문제는 바로 폭식이다. 폭식은 필요 이상으로 음식을 많이 섭취하는 것인데, 배가 부른데도 불구하고 계속 음식을 먹는다. 폭식의 원인은 바로 스트레스다. 어른들도 스트레스를 받으면 먹으면서 풀려고 하지 않는가! 폭식하는 아이를 보면 살찌는 것을 걱정하기보다 스트레스가 한계치를 넘어섰다는 사인으로 보아야 한다.

아이의 스트레스 원인을 부모가 발견하지 못한다거나 무시한다거나 폭식하는 습관을 없애기 위해 무조건 음식을 절제시키면 아이는 다른 이상 행동을 할 수 있다. 아이가 폭식할 때 무조건 음식을 뺏는 것이 아니라 폭식의 원인이 되는 스트레스가 무엇인지 찾아야 한다. "요즘 학교 생활 어때? 뭐가 가장 힘들어?"라고 물어본다.

아이가 스트레스의 원인을 솔직하게 털어놓지 않으면 부모가 먼저 스트레스를 주제로 자신의 이야기를 꺼내놓는다. "아빠도 요즘 직장에서 상사가 툭하면 반말을 해서 스트레스를 받아"라는 식으로 말이다. 부모가 자기 이야기를 먼저 꺼내면 아이는 공감하면서 그 주제를 이야기해도 괜찮을 것 같다는 심리학적 용어로 '안전감'을 느끼게 된다. 그러면 아이도 자기 이야기를 꺼내 놓게 된다. "사실 저도 스트레스가 많아요. 요즘 선생님이 저를 많이 혼내세요." 아이가 폭식한다는 것은 스트레스를 많이 받고 있다는 사인이므로 그 원인이 무엇인지 이야기를 들어 주는 부모가 되어야 한다.

　사춘기 자녀들 가운데 야식을 지나치게 좋아하는 아이가 있다. 그러면 부모는 비만이 될까 걱정하고, 위장장애가 올까 걱정하고, 야식을 먹고 소화시키느라 잠이 오지 않아 수면장애를 겪을까 걱정한다. 실제로 야식은 건강에 안 좋다. 야식은 비만과 위장장애, 수면방해의 원인이 된다. 물론 가끔 먹는 야식이야 재미도 있고 스트레스 해소도 되고 좋지만 반복되는 야식 습관은 건강을 해칠 수 있다.

　그런데 아이들의 생활 패턴을 보면 밤에 배가 고플 수밖에 없다. 밤늦게까지 엄청난 에너지를 쏟으며 공부하느라, 즉 뇌가 활발히 활동하기 때문에 밤이 되면 배가 고플 수밖에 없고 자연히 야식을 찾게 된다. 아이들의 이런 상황을 이해해 주고 밤에 배고플 때 건강을 위해 물 마시는 습관을 갖게 하면 좋다. 물을 많이 마시면 배고픈 것이 확실히 줄어든다. 그리고 아침 먹는 습관을 갖도록 가족 문화를 만들어야 한다. 부모가 아침을 안 먹으면서 아이들만 먹게 하는 건 성공할 확률이 낮다. 아이들도 아침에 학교 가느라 바빠서 아침을 거르고 싶어 한다. 부모가 아침을 먹는 습관을 가지고 있어야 아이도 아침을 먹는다.

　그리고 부모도 아이의 건강을 위해 야식을 먹지 말아야 한다. 엄마 아빠가 야식을 즐기면 아이도 당연히 야식을 즐길 수밖에 없다. 부모가 야식을 먹으면서 자녀에게 "건강에 좋지 않으니까 먹지 마라"고 말할 수 없다. 부모의 생활 습관과 생활 패턴이 자녀에게 영향을 주는 것은 당연한 일이다.

요즘 청소년들이 쓰는 말을 들으면 정말 무서울 정도다. 아이들이 쓰는 말의 절반이 욕이다. 청소년들이 하교하는 시간대에 대중교통을 타면 아이들에게 욕이 일상화되었음을 알 수 있다. 아이가 욕을 입에 달고 사는 모습을 볼 때 부모로서 안타깝기 그지없다. 이런 언어 습관을 고치기 위해선 부모가 고운 말을 사용해야 한다. 부모가 욕하는 사람이라면 아이에게 고운 말을 사용하라고 교육하기가 어렵다.

역지사지 정신을 배우게 한다. 욕하는 사람은 속이 시원할지 모르지만 욕을 듣는 사람은 기분 나쁘고 인격모독을 느끼게 된다. 그러므로 아이에게 "네가 다른 사람에게 했던 욕을 들으면 기분이 어떨 것 같아?"라는 성찰적 질문을 계속 던지면서 역지사지 정신을 가르친다. 근원적인 행동 변화는 본인이 잘못되었다는 것을 깨달을 때 일어난다.

가족끼리 고운 말 쓰기 훈련을 하는 것도 좋다. 가정에서부터 고운 말 쓰는 습관을 가지도록 훈련하는 것이다. 이때 '미.고.사(미안해, 고마워, 사랑해)'를 즐겨 쓰도록 해야 한다! 가정에서 이 말을 끊임없이 사용하는 훈련과 함께 하루에 한 가지씩 가족 구성원 칭찬하기 훈련을 한다. 사춘기 아이들의 특성상 직접 얼굴을 보고 칭찬하는 것이 쑥스럽다면 칭찬을 위한 가족 단체 카톡을 만들어 매일 하나씩 서로 칭찬한다. 한 달에 한 명 투표해 칭찬을 잘한 구성원에게 선물을 주는 가족 이벤트를 할 수도 있다.

언어는 습관으로, 그 습관이 계속되면 인격이 된다. 그래서 언어가 중요하다. 언어를 하루아침에 바꾸는 것은 어렵다. 아이들이 고운 말 쓰는 습관을 들이도록 여유를 가지고 하나씩 하나씩 실천해 나가는 것이 중요하다.

## 15. 아이가 거짓말을 해요

거짓말하는 아이를 보면 배신감이 느껴진다. 사랑하는 자녀가 자신을 속였다는 것을 알게 되면 정말 기분이 나쁘고 화가 난다. 일단 거짓말은 습관이다. 더 정확하게 말하면 자기 자신만 생각하는 이기적인 습관이 거짓말이다. 거짓말을 통해 불리한 상황에서 벗어나거나 더 큰 이익을 얻고 더 인정받고 높아지기를 원한다. 따라서 거짓말은 소극적이든 적극적이든 이익을 취하려는 이기적인 습관이다.

거짓말이 일상이 되고 습관화 되면 자신도 속이게 된다. 거짓말하면서 그것이 사실이라고 받아들이게 되는 것이다. 그래서 거짓말하는 습관이 심해지면 건강한 생각을 가지고 살아가기가 어렵다. 아이가 부모와의 관계에서 거짓말하는 대부분의 상황은 자신이 잘못을 저질렀거나 실수했을 때다. 아이가 자신의 잘못이나 실수를 인정하고 솔직하게 말하지 못하는 이유는 혼나는 것에 대한 두려움 때문이다. 그러므로 아이가 거짓말을 습관적으로 한다면 아이를 혼내기 전에 먼저 부모인 자신이 아이를 무섭게 훈육한 것은 아닌지 돌아보아야 한다. 만약 자신이 실수하거나 잘못해도 부모가 이야기를 들어주고 용서해 준다면 아이는 거짓말할 필요가 없다. 설사 거짓말을 했어도 순순히 자신의 잘못을 인정하고 용서를 구할 것이다.

거짓말이 습관화된 아이를 보면서 부모의 훈육법을 성찰해

보아야 한다. 그리고 거짓말했다는 사실을 알게 되면 아이를 불러 거짓말했음을 정확히 알려주어야 한다. 명백히 잘못했는데 빙빙 돌려 말할 필요는 없다. 정확히 알려주되 감정을 자제하고 설명해 준다.

"아빠한테 학원에 간다고 말했는데 오늘 학원 빠지고 친구들이랑 놀러 갔지? 학원 선생님이 네가 학원에 안 왔다고 알려줬어. 왜 아빠한테 거짓말을 했니?"차분하게 혼내면서 다시는 그러지 말라고 주의를 준 뒤 마무리는 정직을 격려하는 신뢰의 언어로 한다. "사람은 누구나 실수한단다. 오늘 절대 아빠한테 거짓말을 안 한다고 약속했지만 또 실수할 수 있어. 그때는 오늘처럼 아빠를 속이면 안 돼. 정직하게 아빠한테 이야기해 줘. 그리고 잘못을 깨달았으면 가능한 거짓말할 일을 안 만들도록 노력해야 해."

아이가 어릴 때 심하게 혼내서 아빠가 무서워 거짓말했다면 "미안해. 이제부터 아빠를 믿고 실수하고 잘못해도 거짓말하지 말고 이야기해 주렴"이라고 말하며 신뢰의 언어를 사용하는 것이 좋다.

우리도 부모가 처음이라 아이 양육에서 실수한 경험이 많을 것이다. 그러면 아이의 인지 수준이 높아지고 사춘기가 되었을 때 과거 부모가 실수한 것에 대해 솔직하게 고백하고 미안하다고 말할 수 있는 용기가 필요하다. 미안하다는 말 한 마디가 부모와 자녀 간에 불편했던 관계를 한방에 해소하고 더 좋은 관계로 나아갈 수 있게 도와준다는 사실을 꼭 기억하기 바란다. 청소년 시절 생생히 기억나는 일이 있는데, 자존심 센 아버지가 내 방에 와서 "아빠도 처음 해 보는 거라 너를 키울 때 잘못한 게 많고 너에게 상처 준 것이 많다. 미안하다"라고 말씀해 주신 것이다. 그 후로 아버지와 굉장히 친해졌다.

## 16. 아이의 감정 기복이 심해요

청소년기는 감정적으로 예민하다. 그리고 이유 없이 화가 나기도 하고 짜증이 나기도 하고 그러다가 평안해지기도 한다. 즉 감정이 이랬다저랬다 한다. 감정 기복이 심한 사람과 사는 것은 정말 피곤하다. 감정 기복이 심한 자녀가 있으면 부모도 스트레스를 받는다. 이런 아이를 대할 때 중요한 원칙은 부모가 아이의 감정에 휩쓸리면 안 된다는 것이다. 물론 쉽지 않은 일이다. 아이가 기쁘면 부모도 기쁘고, 아이가 짜증내면 부모도 똑같이 짜증나고, 아이가 우울하면 부모도 우울해지는 것은 어찌 보면 자연스러운 일이다. 감정은 서로 전이되기 때문이다.

아이의 감정을 따라가면 부모가 힘들어진다. 그때는 의식적으로 아이의 감정에 따라가지 않으려고 노력해야 한다. "아이의 감정에 따라가지 말아야지"를 수없이 되뇌면서 인지 훈련을 해야 한다. 그리고 아이와 함께 짜증이 확 올라가면 아이의 감정을 객관적으로 인지하고 그 감정을 따라가는 것이 아니라 벗어날 수 있도록 노력해야 한다.

아이가 우울한 감정을 표하거나 화난 감정, 짜증나는 감정을 표현할 때 부모는 그 자리를 벗어나 혼자 둘 필요가 있다. 부정적인 감정 상태인 아이에게 대화를 시도하거나 아이와 함께 있으면 감정이 전이되거나 충돌할 수 있다. 지혜로운 부모가 되려면 그 자리를 벗어나라. 청소년기에는 그러려니 생각하고 그냥 놔두면 아이의 감정은 또 변할 것이다.

가급적 집안 분위기를 밝게 만들고 아이가 부정적인 감정에서 벗어나도록 밝은 음악, 아름다운 클래식 음악을 틀어 놓는 것도 좋은 방법이다. 잊지 말 것은 아이가 부정적인 감정표현을 해도 조금 있으면 또 감정이 변한다는 사실이다.

## 17. 아이가 매사에 자신감이 없어요

매사에 자신감 없는 아이의 모습을 보고 있자면 부모로서 정말 답답하다. 자신감 있게 말하고 행동하면 좋으련만 소극적으로 행동하는 아이의 모습을 보면 '예전에 나도 이런 적이 있었나' 하며 답답함을 느낀다. 그렇다면 자신감은 어디서 올까? 자신감은 성취 경험에서 나온다. 열심히 공부했는데 공부한 만큼 좋은 성적이 나왔다거나 친구들과 축구할 때 골을 넣었다거나 학교에서 상을 탔다거나 하는 성취 경험에서 자신감이 생겨난다. 이런 경험을 다른 말로 하면 자기 노력에 대해 인정받는 것이다. 인정받을 때 자신감이 생겨난다.

반대로 자신감 없는 아이는 일상 속에서 성취 경험을 한 적이 거의 없다. 열심히 공부해도 성적이 오르지 않고, 운동을 해도 잘하지 못하고, 다른 친구들은 상을 받는데 자신은 상을 받지 못한다. 따라서 매사에 자신감이 없는 아이에게는 성취 경험을 할 수 있는 기회를 제공해야 한다. 그리고 성취 경험을 했을 때 부모가 적극적으로 인정해 주고 칭찬하는 것이 중요하다. 학교에서 성적이 오르거나 하는 성취 경험을 하면 가장 좋겠지만 그렇지 못할 경우 부모는 어려운 과제를 제시하고 아이가 도전해 직접 성취 경험을 할 수 있는 기회를 제공한다.

예를 들면 30일 동안 아빠와 영어 단어 외우기 시합을 하는 것이다. 그리고 30일이 지난 뒤 누가 더 많이 외웠는지 확인할 때 아빠가 이기면 절대 안 된다. 아슬아슬하게 아이가 이기게 끔 해야 한다. 이 외에도 부모와 줄넘기 시합을 하거나(줄넘기 시합은 당연히 아이가 이길 것이다), 온라인 게임을 같이 할 수도 있다(온라인 게임도 당연히 아이가 이길 것이다).

이런 성취 경험을 통해 아이는 자신감을 가지게 된다. 그리고 아이가 학교에서 이룬 작은 성취 경험을 나눌 때 귀 기울여 들어 주고 진심을 담아 인정해주고 격려해주고 칭찬해주어야 한다. 어렸을 때 나는 계속 반장을 하고, 학교에서 선생님들로부터 칭찬을 받고 친구들 사이에서도 인기가 많았다. 그럼에도 자신감이 부족했다.

지금 그 이유를 생각해 보면 부모님에게서 성취 경험에 대한 인정을 받지 못했기 때문이 아닌가 한다. 물론 부모님은 성숙하신 분이라 내가 더 겸손하길 바라서 그렇게 하신 것이다. 성인이 되고 나서 학창 시절에 내가 잘했는데도 왜 적극적으로 칭찬해주고 인정해 주지 않았느냐고 따지듯 물었을 때 그 이유를 말씀해 주셨다. 지금은 부모님의 깊은 뜻을 이해하고 받아들이게 되었지만, 청소년기에는 그게 너무 아쉬웠다. 선생님과 친구들이 인정하고 칭찬해도 가장 가까운 부모님의 인정, 칭찬과는 비교할 수 없다.

## 18. 아이가 웹툰에 빠져 살아요

웹툰은 온라인상에서 보는 만화인데 연재 형식으로 나온다. 요즘은 사춘기 아이뿐 아니라 대학생, 청년, 직장인도 열광적으로 좋아한다. 웹툰은 핸드폰으로 볼 수 있기 때문에 접근성이 좋고, 인쇄된 만화책으로는 구현할 수 없는 세련된 색감의 그림을 제공하고 있어 재미있게 볼 수 있다. 연재되는 웹툰의 다음 편을 기다리다 보면 어느새 중독되고 만다. 절제력이 약한 사춘기 아이들은 웹툰을 한 번 접하면 계속 보게 된다.

웹툰에 빠져 공부를 소홀히 하고, 해야 할 일에 집중하지 못하는 아이들을 보면 정말 속상하고 핸드폰을 뺏어버리고 싶다. 웹툰에 빠지면 엄마의 잔소리에도 끊을 수가 없다. 앞서 말했지만 아이들과 24시간을 붙어 지내며 무엇을 하는지 감시하고 체크할 수 없기에 아무리 집에서 웹툰을 못 보게 해도 학교나 학원에 가서 친구 핸드폰을 빌려서라도 본다. 어떤 것을 못 하게 강제하고 강요할수록 더몰래 하는 것이 사춘기 아이들의 특징이라는 사실을 절대 잊으면 안 된다. 부모 몰래 하는 것을 막기 위해서는 아이가 웹툰을 보는 것을 허락해 줘야 한다.

아이에게 가서 슬쩍 물어보라. "너 요즘 무슨 웹툰 보니?" 그러면 아이는 놀란 표정으로 "아빠도 웹툰 알아요?"라고 물을 것이다. "아빠도 웹툰 알지. 몇 개 봤는데 재미있더라. 너희는 어떤 웹툰을 좋아하는지 궁금하네. 아빠도 네가 보는 것을 같이 보면 안 될까?" 이것이 인정이다. 비난하지 않고 긍정적으로 받아주는 것이다. 그러나 웹툰에 중독되면 아이의 학습과 집중력에 막대한 손해를 불러오기 때문에 웹툰을 쉼의 차원으로 볼 수 있게 해줘야 한다.

좋은 예는 적절한 당근책으로 아이가 좋아하는 웹툰을 사용하는 것이다. 교육에 있어 매번 당근책을 주고 행동하도록 하는 보상 중심의 교육은 행동하는 본질적 동기와 이유를 찾지 못하게 방해할 수 있어 위험하지만, 적절한 당근책은 아이의 행동을 긍정적으로 변화시킬 수 있다. 영어 단어 몇 개 외우면 또는 수학 문제를 몇 개 풀면 30분간 웹툰을 보게 해준다는 당근책을 아이에게 제시한다. 그러면 웹툰을 보기 위해 열심히 영어 단어를 외우고 수학 문제를 풀 것이다.

## 19. 형제자매 사이가 안 좋아요

사춘기 자녀들의 문제점 중 하나는 형제자매 사이가 나쁜 경우가 있다는 것이다. 외동인 경우에는 이런 문제가 없지만, 두 아이 이상 있는 가정에서는 이로 말미암아 어려움을 겪을 수 있다. 형제자매끼리 친했던 아이들이 사춘기가 되고 나서 서먹해지고 대화도 안 하고, 때로는 소리 지르며 싸우는 모습을 보면 부모로서 어떻게 해야 하는지 알고 싶어진다.

형제자매 사이가 안 좋을 때 부모가 가져야 하는 원칙은 바로 판사가 되어서는 안 된다는 점이다. 부모가 형제자매 사이의 관계에 개입해 "형 말을 들어야지, 형한테 대들면 되겠어?"라고 판단을 내리거나 "언니가 참아야지. 동생한테 소리 지르면 동생이 뭘 배우겠니?"라고 판단하면 안 된다는 것이다. 판사가 되어 누가 잘했고, 누가 잘못했는지 판결을 내리는 순간 둘 중 하나는 큰 상처를 받는다.

사춘기에는 별말도 아닌데 그 말 때문에 평생 상처를 떠안게 된다. 그래서 사춘기 자녀들에게 "네가 잘했니, 잘 못했니"라고 판단하는 것은 금물이다. "형제자매 사이인데 자기들끼리 알아서 문제를 해결하겠지" "사춘기 지나면 둘 사이가 좋아지겠지"라고 긍정적으로 생각하며 한발 물러서서 아이들을 바라보아야 한다. 사춘기에 형제자매가 갈등하는 것은 사실 지극히 자연스러운 일이다. 사춘기가 되면 정신은 아직 아이인데, 몸은 성인처럼 변하면서 스스로는 성인이라고 착각한다. 그래서 개인 프라이버시를 중요시하고 자기 소유에 대한 개념도 생긴다.

따라서 한 집에서 같이 부대끼는 형제자매가 서로의 프라이버시를 이야기하면서 갈등하는 것은 당연한 일이다. 형의 옷을 동생이 입었을 때, 동생의 옷을 언니가 입었을 때 소유에 대한 분명한 인식이 튀어나와 갈등이 벌어지기도 한다. 사춘기에는 형제자매 사이에 갈등이 있다고 자연스럽게 받아들이고 제3자의 입장에서 아이들을 바라보는 지혜로운 부모가 되어야 하겠다.


## 20. 아이가 자꾸 방문을 잠가요

사춘기에 접어들면서 아이가 하는 행동 가운데 하나는 자기 방문을 걸어 잠그는 것이다. 그러면 엄마 아빠는 으레 '방 안에서 부모 몰래 뭔가 하려는 것 아니야?'라고 생각하고 방문을 잠그지 말라고 다그친다. 왜 방문을 잠그냐고 물어보면 "그냥 잠궈요. 엄마 아빠는 내 일에 참견하지 마세요"라고 말하며 방문을 쾅 닫는다. 그러면 부모는 화가 나서 아이에게 잔소리를 늘어놓게 되고 결국 감정 싸움으로 번진다.

아이가 방문을 잠그는 행위는 자기 프라이버시를 인정해 달라는 외침으로 해석할 수 있다. 인간은 프라이버시, 즉 사생활이 있다. 사춘기에 접어들어 부모에게 자기 사생활을 존중해 달라고 말하는 것은 어떤 의미일까? 그것은 부모의 소유물이 아니라 독립적 존재로 인정해 달라는 것이다. 또한 사춘기 아이들은 어른으로 대접받고 싶어 한다. 부모에게 붙어 있는 존재가 아니라 독립적이고 자율적으로 행동하고 판단할 수 있는 존재로 인정받기를 원한다.

따라서 아이가 방문을 잠글 때 다그치며 "빨리 문 열어!!"라고 소리치거나 "다음부터 문 잠그면 혼나"라는 협박은 교육에 아무런 도움이 되지 않는다. 아이가 자기 방문을 잠그면 어른으로 대접받고 싶다는 뜻으로 받아들이고 아이로 취급하는 말과 행동을 조심해야 한다. 사춘기 자녀와 대화할 때 "조그만게 뭘 안다고? 그건 어른이 결정할 일이야"라고 말할 때가 있다. 이런 말은 아이와의 갈등을 조장하므로 아이를 하나의 독립체로 인정해 주고 존중해 주고 아이에게 선택권을 주는 화법을 시도해야 한다.

가족끼리 놀러 갈 때도 일방적으로 부모가 정하지 말고 "엄마 아빠랑 오늘 어디 놀러 갈래?"라고 선택권을 주고, 차를 바꿀 때도 "아빠는 이 차를 사고 싶은데 너는 어떤 차가 우리 집에 있었으면 좋겠니?"라고 아이에게 의견을 물어보고 존중해 주는 노력을 해야 한다.

아이가 방문을 걸어 잠그는 이유 가운데 하나는 부모가 불쑥불쑥 방에 들어오면 '나를 감시하나?'라는 생각이 들어 불편하고 기분이 나빠서다. 그러므로 아이의 방에 들어갈 때는 노크를 해야 한다. 아이를 하나의 독립적인 존재로 대우해 주고 인격적으로 존중해 주면 아이의 입장에서 방문을 걸어 잠그는 행동을 할 필요가 없다.

## 21. 아이가 맨날 몸이 아프다고 해요

사춘기에 접어들면 신체의 변화가 찾아온다. 몸의 성장 속도가 매우 빠르고, 몸의 변화와 더불어 갑자기 어른이 되는 것 같은 느낌이 들어 혼란스럽다. 그 혼란은 엄청난 스트레스인데, 우리나라 사회는 대학 입시가 있어 아이들의 스트레스가 가중된다. 이런 상황에서 몸이 아프다고 호소하는 청소년이 많다. '성장통'은 아이가 크면서 느끼는 통증 때문에 아플 수도 있지만 대다수는 정신적인 스트레스 때문에 아프다고 느낀다.

사춘기 아이들 가운데는 건강에 대해 극도로 염려하며 '건강염려증'에 빠진 아이도 있다. 심하면 작은 통증에도 "나 죽을병에 걸렸나 봐"라고 말하기도 한다. 시도 때도 없이 "엄마, 나 아파"라고 말하고 눕는다. 입에 '아프다'는 말을 달고 산다. 그러면 부모는 "너 공부하기 싫어서 그렇지? 돌도 씹어 먹을 나이인데 왜 매일 아프다고 하니?"라고 말해 아이에게 상처를 준다. 또는 귀찮다는 듯이 "아프면 병원에 가. 아프다고 징징거리지 말고"라며 너무나 뻔한 답을 제시한다.

사춘기 아이뿐 아니라 어른도 아프면 서러운 마음이 든다. 그리고 작은 말에도 상처를 받는다. 아플 때 잘해 주는 사람이 최고의 사람이다. 사람이 아프면 옆에 있는 사람에게 "나 아파"라고 말한다. 이때는 옆에 있는 사람에게 해결해 달라는 것이 아니다. 사실 아픈 사람이 들어야 하는 답은 "그럼 병원에 가. 약 먹어야지"라는 말일 것이다. 그런데 아픈 사람은 그 답을 몰라 이야기하는 것이 아니다. 아픈 사람이 아프다고 말하는 것은 아픈 것을 좀 알아 달라는 뜻이다. 아픈 것을 공감해 달라는 뜻이다.

"아프다"라는 말을 들었을 때 "많이 아프구나. 얼마나 힘드니? 나도 얼마 전 아팠을 때 고생했는데. 힘내! 아프면 내가 옆에 있어 줄게"라고 말하는 것이 100점짜리 답이다. 인정과 공감과 위로의 말이 사람을 살린다. 우리 아이가 아프다고 할 때 "병원 가라. 약 먹어라" 등등 다 알고 있는 뻔한 답을 주지 말고 "우리 딸이 아프구나. 네가 아프니까 엄마도 아픈 것 같아. 엄마가 옆에 있을 테니 힘내고 아프면 좀 쉬어"라고 말해 보라. 그러면 아이가 감동받아 엄마를 안아 주고, 이를 계기로 아이와의 관계가 더욱 좋아질 것이다.

## 22. 아이가 죽고 싶다는 말을 자주 해요

우리나라는 청소년 자살률이 매우 높다. 왜 자살을 하는지 심리적으로 분석해 보면 가장 큰 이유는 자기 이야기를 진지하게 들어줄 사람이 아무도 없기 때문이다. 돌려 말하면 자기 이야기를 있는 그대로 솔직하게 털어놓을 수 있는 단 한 사람이 없기 때문이다. 죽고 싶다는 말을 일상의 언어 가운데 수시로 하는 청소년이 꽤 많다.

앞길 창창한 아이들이 죽고 싶다는 말을 입에 달고 산다는 것은 부모 세대가 보았을 때 정말 안타깝고 슬픈 일이다. 청소년들을 만나면 "네가 사는 이유가 무엇이야?"라는 질문을 꼭 한다. 여러 가지 답변을 나오지만 가장 안타까운 답은 "죽지 못해 살아요"이다. 그런데 이렇게 답하는 청소년이 10명 중

평균적으로 3명 정도 나온다. 아이가 죽고 싶다는 말을 할 때 부모는 몇 가지 반응을 보인다.

하나는 철학자 같은 반응이다. "죽고 싶다고? 너만 죽고 싶은 게 아니야. 아빠도 죽고 싶을 때가 많아. 세상 사람들도 너와 같은 생각을 할 때가 많아. 세상살이가 다 힘든 거야. 인생은 원래 그런 거야." 또 하나는 검사 같은 반응이다. "죽고 싶다고? 왜? 요즘 학교 생활이 힘드니? 누가 너 괴롭히니? 누구야? 말해." 이 외에도 무시하는 반응을 보이는 부모도 있다. "죽고 싶다고? 조그마한 게 나쁜 말만 하고 있어. 이상한 소리 하지 말고 공부나 해. 공부하기 싫으니까 별 소리를 다하네." 아이가 죽고 싶다는 말을 할 때는 자신의 솔직한 이야기를 들어줄 사람을 찾는 것이다.

"아빠 엄마 내 이야기를 들어줄 수 있어요? 나는 솔직한 대화를 나눌 상대가 필요해요. 내 이야기를 있는 그대로 들어 주고 위로해 주고 다독여 줄 수 있어요?"

아이의 이런 외침에 부모가 다른 반응을 한다면 아이는 점점 희망을 잃게 된다. 그리고 계속 "나 죽고 싶어요"라고 말한다. 이 말을 아이의 마음에 들어가 해석해 전달하면 "아빠 엄마, 내 이야기 좀 들어 달라니까요. 왜 안 들어 주세요. 내가 계속 말하잖아요. 내 말 좀 들어 달라고요. 대화할 시간을 좀 달라고요. 왜 내 말을 이렇게 못 알아듣는 거죠"다. 죽고 싶다고 이야기할 때 아이의 이야기를 들어줄 시간을 내고, 잔소리하지 않고 수용적인 태도로 이야기를 들어 주는 부모가 되어야 한다.

요즘 아이들의 카페인 섭취 문제가 심각하다. 아이들이 커피를 마시는 첫 번째 이유는 커피 자체의 맛을 느끼기 위해 마신다기보다는 카페인을 섭취해 각성 효과를 얻기 위해서다. 우리 아이들의 하루 일과를 보면 정말 숨이 턱 막힐 정도로 **빡빡하다**. 아침에 일어나 학교에 가고, 학교에서 열심히 공부한다. 학교 수업을 마치고 나서는 바로 학원으로 직행해 또 공부한다. 그리고 밤 늦게 집에 돌아오면 학교나 학원 숙제를 한다. 이런 일과가 계속되다 보니 아이들은 피곤할 수밖에 없고, 수업하고 공부하는 중간에 잠이 올 수밖에 없다. 그래서 아이들은 잠을 깨기 위해, 잠이 오지 않게 하기 위해 카페인이 들어간 커피를 마신다.

아이들이 커피를 마시는 두 번째 이유는 어른이 된 것과 같은 착각이 들어서다. 전통적으로 커피는 어른들의 기호식품이다. 우리는 지금 커피 열풍 시대에 살고 있는데, 동네마다 커피 전문점이 너무 많다. 어른들은 커피 전문점에서 모닝커피를 마시고, 식후에 또 커피를 마시고, 지인들과 만나 이야기할 때 또 커피를 마신다. 이런 모습을 보면 아이들은 어른들을 따라 하고 싶어진다. 그래서 커피를 마시면서 자신도 어른이 되었다는 착각에 빠지는 것이다.

사춘기 아이들이 커피를 자주 마시는 것은 몸에 안 좋다. 카페인은 중독이 된다. 아이들에게 카페인이 주는 가장 큰 부작용은 불면증이다. 실제로 사춘기 아이들 가운데 불면증에 시달리는 아이가 꽤 있고, 불면증의 원인 가운데 카페인 섭취가 많은 부분을 차지한다. 불면증은 아이들의 바이오리듬을 깨고

컨디션을 저하시켜 결국 집중력을 떨어뜨린다.

커피를 많이 마시는 아이에게는 커피 대체물을 제공해야 한다. 가장 좋은 것은 신선한 과일, 채소를 갈아 만든 주스다. 예전에 청소년 사역 현장에 있을 때 아이들을 데리고 생과일 주스 가게에 자주 갔는데, 그때 아이들이 가장 즐겨 마시던 것이 딸기와 바나나를 함께 갈아 만든 주스였다. 신선하고 맛있는 생과일주스를 주어 자연스럽게 커피를 줄여 나가도록 도와주어야 한다. 그리고 물 섭취는 아무리 강조해도 지나침이 없다. 신선한 생수를 마실 수 있도록 챙겨야 한다.

사실 우리 아이들은 엄마 아빠가 챙겨 주지 않으면 잊어버린다. 아침에 일어났을 때 물을 가져다 주고, 여름에는 시원한 얼음물을 챙겨 주고, 집에 돌아왔을 때도 물을 마시게 한다. 우리 몸의 약 70퍼센트를 차지하는 것이 물이기 때문에 좋은 물을 마시는 것은 건강을 유지하는 지름길이며 해독작용에도 좋다. 많은 물 섭취는 사춘기 아이들이 커피를 끊게 하는 데도 도움이 된다.

## 24. 아이가 친구와 전화하느라 시간을 다 보내요

휴대폰을 끼고 사는 아이가 많다. 휴대폰으로 게임을 하거나 영상을 보거나 음악을 듣거나 웹툰을 보기 때문이다. 개중에는 전화하느라 휴대폰을 끼고 사는 아이들이 있다. 친한 친구와 잡담하면서 시간을 보내는 것이다. 부모의 입장에서는 전화기를 뺏거나 통화를 최소한으로 제한하는 요금제로 바꾸고 싶지만 아이가 반발하고 갈등을 불러올까 봐 잔소리만 할 뿐이다. 사실 아이가 친한 친구와 통화를 많이 하는 것은 당연한 일이다. 친구와 전화하면서 나름 고민도 털어놓고, 스트레스도 푼다. 그러나 지나치면 문제가 되기 때문에 부모의 조심스러운 개입이 필요하다.

부모는 자녀가 납득할 만한 원칙을 세우고 실천할 수 있도록 격려해 주어야 한다. 그 원칙은 친구와 전화하는 시간을 쉼의 시간으로 정하는 것이다. 어떤 아이는 게임하면서 쉼의 시간을 가질 수 있고, 어떤 아이는 웹툰을 보면서 쉼의 시간을 가질 수 있고, 어떤 아이는 아이돌 음악을 들으면서 쉼의 시간을 가질 수 있다. 그러므로 친구와 전화하느라 시간을 보내는 아이는 이것을 쉼의 시간으로 정한다.

만약 친구와의 전화 통화로 쉼의 시간을 보냈으면 그다음에는 원칙대로 공부를 해야 한다. 그러지 않고 휴대폰으로 웹툰을 보면서 또 쉼의 시간을 가지면 원칙을 지키지 않은 것이다. 아이들은 친절하게 설명해 주면서 합리적인 원칙을 제시하면 의외로 잘 받아들인다. 그러므로 부모는 아이들이 납득할 만한 합리적인 원칙과 기준을 친절하게 제시하고 설명한 뒤 그 원칙과 기준을 따르도록 설득해야 한다.

## 25. 아이가 영화를 너무 좋아해요

영화를 정말 좋아하는 아이들이 있다. 시간이 날 때마다 컴퓨터와 핸드폰으로 영화를 찾아보고, 친구들과 영화를 보러 다니고, 시도 때도 없이 영화 이야기를 한다. 부모는 영화에 빠져 사는 아이가 걱정스럽다. "영화 생각을 하느라 공부에 집중하지 못하는 것 알고 있니?" "학원 빼먹고 영화관에 가는 거 아니야?" "청소년들이 보지 말아야 하는 이상한 영화를 보는 거 아니야?" 영화를 너무나 좋아하는 아이 때문에 걱정하는 부모라면 먼저 아이가 어떤 장르의 영화, 어떤 내용의 영화를 좋아하는지 체크할 필요가 있다. 영화에 빠져 있는 아이들과 대화해 보면 영화의 주인공과 자신을 동일시하는 것을 발견하게 된다. 자기가 원하는 이상적인 모습에 빠져드는 것이다.

예를 들어 체력적으로 약하고 왜소한 아이가 좋아하는 영화에는 싸움 잘하고 힘세고 악당들을 때려눕히는 주인공이 등장한다. 싸움 잘하고 힘센 주인공을 자기와 동일시하는 것이다. 주변에 친구가 별로 없고 인기가 없는 아이가 좋아하는 영화는 로맨스 영화일 수 있다. 로맨스 영화에서 멋진 남자 주인공과 사랑에 빠지는 아름다운 여자 주인공을 자기라고 동일시하는 것이다.

부모는 자녀가 좋아하는 영화를 통해 자녀의 콤플렉스를 파악할 수 있다. 이때는 아이가 그 콤플렉스 때문에 힘들어 하지 않도록 지속적으로 격려하고 칭찬하고 위로하고 사랑 표현을 해야 한다.

## 26. 아이가 먹방을 사랑해요

요즘 먹방(음식을 먹는 방송)에 빠져 있는 아이가 많다. 나도 사춘기 아이들을 연구하기 위해 먹방을 많이 보았는데 내 의지와 상관 없이 빠져든다. 먹방을 진행하는 유튜버는 맛있고 비싼 음식을 잔뜩 차려놓고, 한두 시간 이야기하면서 그 음식을 먹는다. 정말 재미있는 것은 음식을 들고 카메라에 대고 이렇게 말한다. "여러분, 먹을 준비가 되었나요? 입 벌리세요." 그러면 나도 모르게 자연스럽게 입을 벌리게 된다. 일종의 대리만족을 느끼는 것이다.

먹방 유튜버들이 먹는 음식은 양이 많거나 비싼 음식이다. 내가 즐겁게 시청했던 먹방은 바로 랍스터를 먹는 것이었다. 비싼 랍스터를 6~7마리 쌓아놓고 유투버 혼자 다 먹는다. 나도 그 먹방을 보면서 대리만족을 느꼈다. 지금까지 랍스터를 두 번 먹어 봤는데 비싸서 쉽게 못 사먹기 때문에 그 먹방을 보면서 내가 먹고 있다는 착각에 빠졌던 것이다.

아이들이 먹방에 빠지는 이유는 먹방을 통해 대리만족을 느끼기 위해서인데, 좀 더 깊이 들어가 분석해 보면 돈에 대한 갈망 때문이다. 우리 아이들의 주머니에는 동네 떡볶이집에서 떡볶이와 어묵 먹을 돈밖에 없는데, 먹방을 틀면 랍스터 6~7마리가 왔다 갔다 한다. 아이들은 랍스터 6~7마리를 사서 자기 혼자 맛있게 먹는 유튜버를 자신이라고 착각한다. 따라서 먹방을 보는 숨겨진 동기는 돈에 대한 갈망이다.

먹방을 좋아하는 아이에게 "시간 낭비하지 말고 그만 봐라. 그게 뭐하는 거냐? 남이 먹는 거나 쳐다보고…"라며 잔소리하면 안 된다. 남 먹는 것을 쳐다보는 게 아니라 방송에서 먹는 사람을 자신이라고 가정하고 보는 것이다. 먹방을 즐겨 보는 아이에게 "먹방 보지 말고 공부나 해"라고 잔소리하기 전에 "우리 아이가 돈이 필요하구나. 돈을 벌고 싶구나. 이제 많이 컸네"라고 바라봐 줄 수 있는 여유를 가지면 좋을 것 같다. 그리고 먹방을 즐겨 보는 아이를 위해 먹방에 나오는 음식을 직접 해주거나 사주면 먹방을 침 흘리며 보는 횟수가 줄어들 것이다.

어린 시절에 순해 말을 잘 듣던 아이가 사춘기에 접어들면서 거칠고 폭력적인 성향으로 바뀌어 가는 모습을 볼 때 안타깝기도 하고 화가 나기도 하고 어떻게 해야 하나 고민이 되기도 한다. 사춘기 아이들은 반항아적 기질을 보이는데, 이 기질이 겉으로 드러나면 폭력적인 행동으로 나타난다. 집에 오면 가방을 집어던지고, 문을 쾅 닫고 들어가고, 베개를 발로 차기도 한다.

아이의 폭력적인 행동은 에너지가 남아 나오는 반응일 수 있지만 대부분 내면에 쌓인 불만 때문에 나온다. 그래서 이런 행동을 고치기 위해서는 아이의 내면에 쌓인 불만을 찾아내는 것이 중요하다. 아이의 행동에 똑같이 화내면서 감정적으로 대응하면 잘못된 행동의 강도가 세질 수 있다. 따라서 부모는 똑같이 감정적으로 대응하거나 폭력적인 말투나 행동을 하면 안 된다. 아이의 내면에 쌓인 불만이 무엇인지 찾아내기 위해 이야기를 들어 주는 노력을 해야 한다.

현상적으로 보면 폭력적인 행동은 몸에 힘이 남아서 나오는 것이기 때문에 밖에서 뛰는 운동을 하거나 아이가 좋아하는 운동을 하게 하는 것도 좋은 방법이다. 구기 종목을 좋아하면 친구들과 축구를 하거나 농구를 하게 한다. 아이의 잘못된 행동에는 반드시 원인이 있다는 점을 명심하고, 그 원인이 뭔지 탐구하는 자세가 필요하다.

아이가 머리카락이 많이 빠지고 원형탈모가 와서 어떻게 해야 할지 모르겠다고 상담을 청해 온 부모가 있었다. 사실 청소년기에 원형탈모가 와서 힘들어 하는 아이와 부모가 적지 않다. 외모를 중시하는 시대에 원형탈모가 오면 부모의 입장에서는 너무 속상하고 걱정되는 것이 사실이다. 아이가 머리카락이 많이 빠지고 원형탈모가 오는 것은 스트레스가 원인의 큰 부분을 차지하고, 햄버거 등 패스트푸드를 즐겨 먹는 식습관이 원인인 경우도 있다.

따라서 원형탈모약을 먹고 현상 치료를 하는 것도 중요하지만 아이의 내면에 쌓인 스트레스가 무엇인지를 찾는 것이 더 중요하다. 아이의 스트레스 요인을 제거하거나 견뎌낼 수 있을 만큼 줄여 주어야 한다. 물론 아이는 견딜 수 없는 스트레스가 무엇인지 알고 있다. 따라서 아이와의 친밀감을 회복하는 것이 우선이다. 그다음은 아이가 무슨 이유로 스트레스를 받는지 부모에게 털어놓도록 유도해야 한다.

내가 상담한 아이에게 나타난 원형탈모의 원인은 안타깝게도 아빠였다. 더 놀라운 것은 아이의 원형탈모 때문에 걱정되어 찾아온 사람도 아빠였다. 사실 상담하다 보면 일종의 '촉'이 온다. 일종의 '감'인데, 전문 용어로 '직관'이다. 아빠와 상담하는 동안 아이를 힘들게 하는 스트레스의 원인이 아빠일 수도 있겠다는 직관이 왔다. 그래서 아이와 상담을 진행하겠다고 말한 뒤 심층 상담을 했다.

심층 상담의 결과 이 아이는 둘째였는데, 아빠가 항상 형의 편만 들어 준다는 것을 알게 되었다. 이것이 너무 서운하고 속상해 스트레스가 된 것이다. 그런데 스트레스의 원인이 되는 아빠와 아빠가 우선순위로 두는 형과 한 공간에 지내야 하니 스트레스에서 벗어날 수 없었고, 그 결과 심한 탈모가 온 것이다. 그 후 아빠와의 몇 차례 상담을 통해 문제 해결의 길을 열어 주었다.

너무 슬픈 이야기지만 아이의 견딜 수 없는 스트레스 요인이 부모일 수도 있다. 이때 아이의 스트레스 요인을 제거하거나 줄이려면 부모가 변하는 수밖에 없다. 부모가 아이에게 맞춰주는 수밖에 다른 방법이 없다.

## 29. 아이가 뭐든 아껴 쓰지 않아요

부모가 아이에게 하는 일상적인 잔소리 가운데 그 빈도가 높은 것이 바로 '아껴 쓰라'다. "샤워할 때 물 좀 아껴 써라" "불을 켜놓은 채 잠들지 마라" "용돈 좀 아껴 써라" 등. 부모 세대는 아껴 쓰는 것이 습관화되어 있고, 경제적인 부분에서 절약하는 것이 생활화되어 있다. 미래에 좀 더 안정적이고 편안한 삶을 위해 아끼고 모으는 것이 일상화되어 있다. 그러나 사춘기 아이들은 그렇지 않다. 부모 세대와 상대 비교를 해 보면 풍족하고 편안한 환경에서 살다 보니 물자를 절약하는 것을 중요하게 생각하지 않는다. 아껴 쓰면서 현재를 힘들게 사는 것보다 현재에 충실하며 편안하게 사는 것을 원한다.

청소년뿐 아니라 젊은 세대도 이런 문화 속에서 살아가고 있다. 소위 욜로족(YOLO, You Only Live Once)이 젊은 세대 가운데서 많이 생겨나는데, 이들은 미래보다 현재에 초점을 맞추고 현재 자신의 행복이 가장 중요함을 인지하고 그것을 위해 돈을 쓴다. 부모는 아이들의 이런 문화적 특성을 이해할 필요가 있다. 미래를 위해 지금 아끼며 사는 것이 당연할 수 있지만, 현재의 행복도 중요하다는 것도 맞는 말이다. 그러므로 부모로서 생각의 균형을 갖는 것이 중요하다. 다만 낭비가 심한 경우 습관화될 수 있기 때문에 부모가 감정을 실어 잔소리하기보다 차분하게 말해야 한다. "이번에 전기세가 많이 나왔어. 전기세를 아끼면 에너지 절약도 되고, 아낀 돈으로 맛있는 것을 먹으러 갈 수도 있잖아. 에어컨 사용을 좀 줄이고, 밤에 잘 때는 잊지 말고 불을 끄고 자면 좋겠어."

## 30. 다 큰 아이가 어린 아이처럼 엉엉 울어요

부모 앞에서 어린 아이였을 때처럼 엉엉 우는 모습을 자주 보이는 청소년들이 있다. 그러면 부모는 아이에게 무슨 큰 문제가 생긴 것이 아닌지 놀라고 염려된다. 또 한편으로는 아이가 왜 아직도 어린 아이처럼 행동하는지, 정신적인 부분에 문제가 있는 건 아닌지 걱정하게 된다. 부모 앞에서 아이처럼 우는 모습은 일종의 '퇴행 현상'이다. 사실 아이뿐 아니라 어른에게도 어린 아이와 같은 마음이 있다. 어른도 너무 힘들고 어려운 일이 닥치면 아이 때처럼 엉엉 울고 싶고 아무것도 하고 싶지 않을 수 있다.

사춘기 아이들의 마음속에도 어린 아이의 모습이 살아나 발현되는 경우가 있다. 물론 이런 모습을 자주 보이면 문제가 뭔지 찾아보아야 한다. 자녀가 이런 모습을 보이면 다그치거나 잔소리하기보다 어린 아이 같은 모습을 그대로 수용하고 받아들여야 한다. 꼭 안아 주면서 그들의 감정을 수용한다는 것을 보여 주어야 한다.

그리고 공감적인 말과 위로의 말을 해주어야 한다. "우리 아들, 무슨 힘든 일 있어? 우리 아들은 아직도 아빠 앞에서 어린 아이 같네. 울고 싶으면 실컷 울어. 괜찮아" "우리 딸이 힘든 일이 많아서 이렇게 서럽게 우는구나. 이렇게 힘든데 엄마가 눈치 채지 못해 미안해. 울고 싶으면 엄마 품에서 실컷 울어."

이런 수용적 경험을 하게 되면 그 내면의 자아가 감정을 조절하게 해주고, 이성을 찾을 수 있도록 작동하게 된다. 아이가 어린 아이처럼 엉엉 울면 큰 문제가 있는 건 아닌지 너무 고민하거나 꼬치꼬치 물어보지 말고 따뜻하게 꼭 안아 주고, 공감과 수용과 위로의 말을 해주는 지혜로운 부모가 되기를 소망한다.